文史哲學集成

莊雅州著

夏小正析論

文史哲出版社印行

夏小正析論 / 莊雅州著. -- 初版. -- 臺北市：
文史哲, 民 104.04 印刷
頁： 公分. （文史哲學集成；124）
ISBN 978-957-547-330-3 (平裝)

1.天文－曆法 2.生物 3.氣候

327

文史哲學集成 124

夏小正析論

著　者：莊雅州
出版者：文史哲出版社
http://www.lapen.com.tw
登記證字號：行政院新聞局版臺業字五三三七號
發行人：彭正雄
發行所：文史哲出版社
印刷者：文史哲出版社
臺北市羅斯福路一段七十二巷四號
郵政劃撥帳號：一六一八〇一七五
電話886-2-23511028・傳真886-2-23965656

實價新臺幣三〇〇元

中華民國七十四年（1985）五月初版
中華民國一〇四年（2015）四月BOD印刷

ISBN 978-957-547-330-3 00124

自序

不曉得此生能寫幾本書，而無論如何，「夏小正析論」都將是永難忘懷的一本。

十年前，在高師仲華、周師一田指導下，開始準備撰寫博士論文。當時擬訂的題目是「大戴禮記研究」，經過多年的蒐集，材料還算完備，卻苦於內容龐雜、疑難層出，在短短幾年內根本不可能寫出一本合乎理想的論文。只得將範圍縮小，專門鑽研其中的夏小正，蓋小正本為三代古籍，價值最高，材料也最豐富。可惜寫了二十萬言的校釋、十二萬言的書錄後，時間已相當匆促，只允許草就一篇萬言的緒論，探討幾個重要的問題，而無法照原訂計劃寫出較為詳細的析論來。文心雕龍云：「逮乎篇成，半析心始。」在完成「夏小正研究」後，對於這句話眞是感觸良深。參加學校、教育部的學位考試時，都曾表白這份遺憾，當時主試的老師們紛紛鼓勵我繼續努力，早日完成這件未了的心願。他們獎掖後進的熱誠，令我拳拳服膺，不敢或忘。

夏小正雖然是一篇古老而簡短的文獻，所牽涉的範圍，如天文、曆法、生物、氣候、人文，卻相當廣泛、相當專門。在提倡科學，復興中華文化的今日，如果由各種專家學者分工合作來研究它，應該是很有意義的，可惜「群經之中，大戴最晦，而夏小正在大戴之中又為獨晦。」（嚴元照夏小正箋序）近數十年來，涉獵夏小正的學者寥寥無幾，要勞動這麼多的專家根本是不可能的事。不得已，只好不自量力來做抛磚引玉的工作。當然，這份任務是相當艱鉅的，一方面要儘量吸收「夏小正研究」中的成果而避免重複，另一方面又得研讀不少專門書籍而融會貫通，限於個人才學，呈現出來的成果自然不能十分令人滿意。但我已盡了心力，所衷心熱禱的，不僅在於得到大方之家的指教，更在於像夏小正這類的古代文獻能引起世人的注意。

過去在國內，雜務紛乘，只先後完成本書中的三篇。去年秋天，由於淡江大學與漢城誠信女子大學締結姊妹校的關係，應邀來韓講學。此地課業負擔較輕，生活也十分單純，遂有充裕的時間將其他各篇陸續殺青。爲了這本小書，當寒假來臨，所有的交換教授都效北雁之南飛時，我一個人滯留異邦，與嚴冬搏鬥。所面臨的，不僅是冰雪的酷寒，客居的孤寂，更是缺乏良師益友可以當面請教切磋的環境。想起兩百多年前，任啓運撰寫夏小正注，「春祁寒多雪，余直廬綠雲深處（直廬舊額），在冰圍雪巘中，退直之餘，日呵凍作數十字，見者哂余何自苦乃爾。」（夏小正序）不禁心有戚戚焉。直至元月底，內子蕙慧來韓相伴。寫作條件才算大有改善。本書的脫稿，時逾三年，地亙千里，可謂得來不易，無論成績良窳，我對它都有一份特殊的鍾愛。更重要的是，從此可以將夏小正的研究告一個段落，進一步去探討大戴禮記的其他篇章，這又是十分值得欣慰的事。

最後要感謝汪師雨盦寵錫題耑，陳熾彬賢棣代爲斠讐以及淡江大學連續給予兩年的研究補助。同時也應感謝國內外許多師長、親友、同仁、學棣們的關懷與愛護，沒有大家的精神支持，拙著是不可能如此順利完成的。

中華民國七十四年二月廿五日　莊　雅　州　謹識於漢城客次

夏小正析論　目次

壹、夏小正之經傳

博物志云：「聖人制作曰經，賢者著述曰傳。」換另一個角度說，經就是古書的正文，傳、記就是早期的注釋或參考資料。只因這些書多與儒家聖賢有關，所以大家特加尊崇而已。古代的典籍文字簡奧，義蘊精深，由專家學者加以注釋或撰述參考資料，自然是極有必要的，因而周易有了十翼，詩經有了毛傳，尙書有了孔安國傳，儀禮有了子夏喪服傳、大小戴記，春秋有了公羊、穀梁、左氏傳，甚至連墨辯也有經傳的區別。這些經傳在我國的學術史上佔有無與倫比的地位，可是由於年代久遠，也引發不少問題，諸如作者、時代、傳承、篇章、字句、訓詁、義理、價值等，近二千年來都曾激起更僕難數的爭論。一方面使中華學術顯得更多彩多姿，另一方面也留給我們這些後人不少的困惑。夏小正同樣具有這類問題，現在且分幾方面來加以探討：

一、經傳之分合

夏小正本上古遺籍，單行於世，厥後有人爲之作傳，成爲古文記二百零四篇之一，漢世，戴德採入大戴禮記，此乃我們今日最常見的本子。這個本子並無經傳之類的字眼，我們何以知道它有經有傳呢？王聘珍說得好：「鄭注月令引夏小正者九，如正月啓蟄、魚陟負冰、農率均田、丁亥萬舞入學、妾子始蠶，九月丹鳥羞白鳥，十一月王狩，皆是經文首句，故直稱爲『夏小正曰』。獨於丹鳥羞白鳥之下，引『丹鳥也者，謂丹良也。』云云，則以『說曰』二字別之，說曰者，即傳者之說也。是鄭所見本原自有經有傳，此其明證也。又，郭注爾雅有引『夏小正曰』者，有引『夏小正傳曰』者，則小正之有經有傳，至晉時猶未譌也。」（大戴禮記解詁卷二）此外，陳壽祺說：「今考吳陸璣毛詩義疏引大戴禮夏小正傳曰：『蘩，遊胡；遊胡，旁勃也。』見左傳隱三年正義，則三國時有傳名也。蔡邕明堂月令論引大戴禮夏小正傳曰：『陰陽生物之候，王事之次。』今夏小正傳無此文，蓋傳本異，則漢時已有傳名也。」（左海經辨卷上夏小正考）程鴻詔也說：「高誘呂紀注引爵入于海爲蛤、雉入于淮爲蜃，並稱『傳曰』。」（夏小正集說）綜觀他們的論證，夏小正在漢晉以前有經傳之分是灼然至明的。

其次，很自然地，我們會進而追問：到底何時夏小正經傳才混合無別呢？王筠云：「今夏覆檢大戴本，有傳無經，此由經傳別行，讀者見經已具傳中，遂魯莽而刪經。以致今之讀者謂此書經傳雜糅，不知儳越經傳者始于後漢之費直，戴德乃前漢宣帝時人也。」（夏小正正義自序）其意蓋謂自費直以易傳附經，才有儳越經傳的現象（這種說法正確與否姑且不論，詳見林麗眞易傳附經的起源問題）。

至於夏小正經傳本自別行，經自經，傳自傳，猶如熹平石經春秋傳不載經文，這是漢世經傳通行的一般情況，夏小正自然也不例外。由於傳中都複舉經文，有人就將別行的經文刪汰，以致何者爲經，何者爲傳，單靠含有經文的傳，遂難以明辨了，於是懷疑戴德雜糅經傳者大有人在，其實是一種誤解。王筠的說法大抵是不錯的，只是語焉不詳，後文又大談費直以彖象文言參錯於卦爻辭中的情形，所以很容易讓人產生錯覺，以爲他是在說費直將夏小正的經傳也僭越了。總之，夏小正經傳所以難以分別，是有人「鹵莽而刪經」，至於鹵莽者是誰？刪經是何時之事，則不得而知。

首先發現夏小正應有經傳之分，而又重加釐析的，是宋朝的傅崧卿。他說：「關本、戴禮皆以夏小正文錯諸傳中，渾渾之書，雜以漢儒文辭，醇駁弗類，且所訓疑有失本指者。乃倣左氏春秋，列正文其前，而附以傳。月爲一篇，凡十有二篇。釐爲四卷，名曰夏小正戴氏傳。」（夏小正戴氏傳序）可見當時他所看到的夏小正，無論是單行的關澮本，或收在大戴禮中的集賢殿本，都沒有經傳之分。是他受了春秋左氏傳的啓示，才從傳文中將經文釐析出來的，唯傳中仍保留着經文，亦即經文是複舉的。他的夏小正戴氏傳共有經文四五五字，傳文二四七二字，茲錄其全經如左：

正月：啓蟄，鴈北鄉，雉震呴，魚陟負冰，農緯厥耒，初歲祭耒始用暢，囿有見韭，時有俊風，寒日滌凍塗，田鼠出，農率均田，獺獻祭魚，鷹則爲鳩，農及雪澤，初服于公田，采芸，鞠則見，初昏參中，柳稊，梅杏杝桃則華，緹縞，雞桴粥。

二月：往耰黍禪，初俊羔助厥母粥，綏多女士，丁亥萬用入學，祭鮪，榮堇，采蘩，昆小蟲抵蚳，來降燕乃睇，剝鱓，有鳴倉庚，榮芸，時有見稊始收。

三月：參則伏，攝桑，委楊，䍧羊，螜則鳴，頒冰，采識，妾子始蠶，執養宮事，祈麥實，越有小旱，田鼠化爲鴽，拂桐芭，鳴鳩。

四月：昴則見，初昏南門正，鳴札，囿有見杏，鳴蜮，王萯莠，取荼，莠幽，越有大旱，執陟攻駒。

五月：參則見，浮游有殷，鴂則鳴，時有養日，乃衣瓜，良蜩鳴，匽之興五日翕望乃伏，啓灌藍蓼，鳩爲鷹，唐蜩鳴，初昏大火中，種黍菽糜，煮梅，蓄蘭，頒馬。

六月：初昏斗柄正在上，煮桃，鷹如摯。

七月：秀雚葦，狸子肇肆，湟潦生苹，爽死，苹秀，漢案戶，寒蟬鳴，初昏織女正東鄉，時有霖雨，灌荼，斗柄縣在下則旦。

八月：剝瓜，玄校，剝棗，栗零，丹鳥羞白鳥，辰則伏，鹿人從，鴽爲鼠，參中則旦。

九月：內火，遰鴻雁，主夫出火，陟玄鳥蟄，熊羆豹貉鼬鼪則穴，榮鞠樹麥，王始裘，雀入于海爲蛤。

十月：豺祭獸，初昏南門見，黑鳥浴，時有養夜，雉入于淮爲蜃，織女正北鄉則旦。

十有一月：王狩，陳筋革，嗇人不從，隕麋角。

十有二月：鳴弋，玄駒賁，納卵蒜，虞人入梁，隕麋角。

傅氏從渾渾古籍中，稽核舊文，剖分乾坤，使讀者有徑可尋，其功自是不淺。唯上文已經講過，由於夏小正的經文被魯莽刪去，從傳文中去釐析經傳並不是容易的事，傅氏用力雖勤，所得自難盡如人意。四庫全書總目提要卷二十一就曾經批評他的書說：「其中如正月之斗柄縣在下，五月之菽糜，將閑諸則，九月之辰繫于日，十一月之于時月也萬物不通，皆宜爲經文，而誤列於傳。而正月之始用暢，乃以解初歲祭耒，明用暢以祭自此始，宜爲傳文，而誤列於經，皆爲未允。」所以自朱熹儀禮經傳通解、王應麟玉海、金履祥夏小正注以降，研究夏小正者往往又重加釐析，而各有出入。單以正月而言，朱熹無「囿有見韭」，「獺獸祭魚」作「獺祭魚」，「參中」下有「斗柄縣在下」。王應麟無「始用暢」，「囿有見韭」作「囿有韭」，「寒日滌凍塗」作「滌凍塗」，「獺獸祭魚」作「獺祭魚」，「參中」下有「斗柄垂在下」，「柳稊」作「柳梯」。金履祥「獺獸祭魚」作「獺祭魚」，「參中」下有「斗柄縣在下」，「柳稊」作「柳梯」，「緹縞」作「緹藳」……。明清以後，爲夏小正作注的不下數十家，他們的見解就更複雜了。綜觀各家異說，主要大概有六個方面：

1.經傳的爭議：如正月「囿有見韭」，傅崧卿視爲經文，朱熹則併入「初歲祭耒」一節之中，當作傳文。

2.分節的出入：如三月「妾子始蠶」，「執養宮事」，傅崧卿分成兩節，徐世溥夏小正解併爲一節。

3.次序的不同：如八月「參中則旦」，孔廣森大戴禮記補注以爲是七月錯簡。

4.斷句的區別：如九月「陟玄鳥蟄」，諸錦夏小正詁蟄字連下節「熊羆貊貉鼬鼪則穴」爲文。

5.文字的差異：如大戴本十月：「黑鳥浴——……者，何也？鳥浴也者，飛乍高乍下也。」傅崧卿作「黑鳥浴——黑鳥者，何也？烏也。浴也者，飛乍高乍下也。」

6.訓詁的歧互：如十一月「嗇人不從」，嗇人，王聘珍大戴禮記解詁釋爲省嗇徒衆之官，孔廣森大戴禮記補注釋爲小臣給王使令者，洪震煊夏小正疏義釋爲農人，宋書升夏小正釋義釋爲田畯。

由此可以看出各家對經傳眞面目的看法是何等紛歧，他們的說法往往會涉及經傳分合的問題，卻幾乎沒有兩家是從頭到尾完全相同的。莊述祖云：「蓋以古書之僅存，屢爲後人所亂，校書者又別以其意定之，是其所是，而非其所非，迄無所取正，而亂益甚。」（明堂陰陽夏小正經傳考釋自序）確屬一針見血之論，而夏小正經傳之無法得到定本，也由此可見端倪。

最後要補充說明夏小正與大戴禮記的分合問題。夏小正自採入大戴禮記之後，其單行本日趨寥落是不難想像的事，至於是否完全絕跡，就很難說了。在隋書經籍志裡既著錄大戴禮記十三卷，又著錄「夏小正一卷，戴德撰」，傅崧卿云：「漢唐志既錄戴氏禮矣，此書宜不別見，抑不知取戴禮爲此書自何代始？意者隋重賞以求逸書，進書者務多以徼賞帛，故離析篇目而爲此乎？有司受之，既不加辨，而作志者亦不復考。且小正夏書，德所撰傳爾，而隋志云然，可謂疏矣！」（夏小正戴氏傳序）他認爲夏小正傳爲戴德所撰，那是錯誤的判斷，姑且不論。而謂漢唐時無單行本別行，至隋始有人自戴禮析出以求重賞，有些學者也頗不以爲然。如陳壽祺云：「史記五帝本紀云：『孔子所傳宰予問五帝德及帝繫姓，儒者或不傳。』夏本紀云：『學者多傳夏小正』，此三篇皆在百三十篇中，太史公時二戴未出，於五帝德、帝繫姓云「或不傳』，而於夏小正云『學者多傳』，則當時此篇顯有專行者，如士禮十七篇傳自高堂生，而喪服一篇，漢以來諸儒多爲注解，別行於世，見隋經籍志，戴德先有喪服變除，見通典禮四十一，是其證也。」（左海經辨卷上夏小正考）王筠曰：「蓋齊梁間久有單行本矣！傅氏以爲獻書者離析之，此不必然。藝文志既收禮古經及記矣，又收中庸說；既收筦子於道家矣，又收弟子職于孝經類，是其比。」（夏小正正義自序）洪震煊也說：「唐人引經，或稱夏小正，或稱大戴禮夏小正，或稱大戴禮，當由專行本小正與大戴本小正時有不同，諸家引稱，各據本文，無俾淆雜」。（夏小正疏義序）可見不僅大戴禮成書以前即有單行本的夏小正行世，即使在大戴至隋志之間，很可能也是大戴本及單行本駢行的。隋志以後，二本之並行不廢，更無疑義。尤其自從傅崧卿釐析經傳，風氣既開，治者漸衆，夏小正可說由附庸蔚爲大國，當然更可以名正言順地稱之爲專書而無愧。

二、經傳之時代

一提到古籍的作者及成書年代，人們往往爲之斷斷不休而難得定論，夏小正的經傳在這方面也同樣是一個謎團。經文之時代，或說夏，或說周初，或說春秋，或說戰國，甚至有主張是漢朝的；傳文的作者，或說子夏，或說七十子後學，或說公羊、穀梁，甚至有歸之於戴德的。各家的說法請參閱本書夏小正月令異同論，在此不多徵引，而僅打算從幾個較有啓發性的說法裡談談自己的觀點。

禮記禮運云：「孔子曰：『我欲觀夏道，是故之杞，而不足徵也。吾得夏時焉。』」鄭玄注：「

得夏四時之書也，其書存者有小正。」司馬遷云：「孔子正夏時，學者多傳夏小正。」（史記夏本記）蔡邕云：「戴禮夏小正傳曰（按臧庸引盧學士云：『曰字衍』），陰陽生物之候，王事之次，則夏之月令也。」（明堂月令論）後世有許多學者根據他們的說法，主張夏小正爲有夏氏之遺書，固然難以令人信服；但另有一些學者以爲先秦典籍裡沒有其他資料可以佐證，從而完全否定司馬遷等的說法，似乎也大可不必。蓋漢儒說法的可信度雖非百分之百，倒也相當值得尊重，如史記所記的殷王朝世系與近世出土的卜辭對照，相去並不遠；說文解字的古文、籀文，乃至解說，與甲文、金文也往往可以相互參證。那是由於他們有師承，又可以看到許多後世失傳的資料，我們不能因爲看不到那些資料，就懷疑他們信口開河。所以夏小正雖未必爲夏代遺籍，但很可能就是孔子得之於杞的文獻。史記夏本紀云：「湯封夏之後，至周封於杞也。」杞是夏之後，夏小正文字又是那麼古質，怪不得有許多學者會認爲夏小正是夏書了。

于省吾云：「禮運和史記所說的如果屬實，則小正當爲春秋前期杞國人所記。此外，另有一說：，小正也可能是春秋時期居于夏代舊日領域，沿用夏時者所作。」（夏小正五事質疑）他對傳統說法作了適度的修正，是相當值得參考的。不過我以爲古書的寫作，往往經過長期的增訂始成爲定本，未必完全爲一個時代所記。夏小正記正月「初昏參中」與月令相同，記五月「初昏大火中」則比月令早一個月，這是矛盾的。能田忠亮云：「夏小正在星象記事方面殆無錯簡或誤寫，只有十月『初昏南門見』例外。其星象所顯示的時代當自西元紀元前二千年開始，而參中及織女正東（北）鄉之記事則以西元紀元前六百年左右較爲適合。是夏小正乃從夏代到春秋爲止的產物。」（夏小正星象論）既然夏小正一方面反映了春秋時代的星象，一方面又保留了某些邃古的天文資料，如果把它的時代確定在春秋，那這種天文上的矛盾就不易解釋了。所以我認爲它很可能是春秋時代杞國人所傳先世舊籍，歷經傳寫補充，始成定本的。至於其原始材料向上可以推到周初呢？商代呢？還是夏朝呢？那就難以考證了。或者有人要從文字的觀點提出質疑，如夏靳云：「今按三代彝器，商時尙屬寥寥，即有之，其銘文亦不過四五字耳，如至卅字爲最多矣！再推而上之，至龜甲文字而止，其文字尙幼稚無論，殷商如此，夏時何能有此著作？可知是書必非夏時。」（漢以前恒星發現次第考）殊不知夏小正有經有傳，傳文時代誠然不可能太早，經文則文字簡短，每節少者二言，多者不過八、九字，其古質不遜於春秋甚或卜辭，說它含有某些上古資料，並非完全不可能。何況我並未將它的上限確定在夏或商，因爲那是十分困難而危險的。當然，夏小正裡的某些記事，如「初歲祭耒」、「丁亥萬用入學」、「匽之興，五日翕，望乃伏」、「時有養日」、「時有養夜」……等，從曆法的觀點來看，的確不可能早於周初甚或春秋以前（詳見本書夏小正之曆法），所以我將它的下限定在春秋。可見我對漢儒的說法並未一味墨守，也未完全懷疑，而是有所斟酌去取的。

夏小正經文裡曾提到王、淮、海、鱓之類的字眼，過去的學者都沒有特別加以注意，唯有夏緯瑛獨具隻眼，他說：「在夏小正的經文裡，有兩個『王』字出現：一曰『王始裘』，一曰『王狩』。這就可以知道，他們的最高統治者是稱王的，當然也是具有國家形式中的王。這個王國在什麼地方呢？

它在淮海地區。在夏小正的經文裡有『雀入于海爲蛤』和『玄雉入于淮爲蜃』兩條，這不就說出他們在淮海地區了嗎？他們若是看不見淮和海，又怎麼能說出淮海的話來呢？正月的經文裡有『梅、杏、杝桃則華』，這些植物開花時期較早，不是黃河流域的情形，在淮河流域是可以的。在二月的經文裡有『剝鱓』一條，這個鱓，就是如今的揚子鱷。揚子鱷是一種古老爬行動物的遺存，它居住在長江的中下游，在長江支流的岸邊生活，其他地區沒有這種動物。淮河流域有它的踪跡，這就有力的證明，夏小正和淮海區域有關。」（夏小正經文校釋）至於這個王朝的時代，他也認爲難以肯定，可能是夏朝末年，可能是殷代的杞國，可能是周代的杞國，也可能是春秋時代的杞國。如衆所周知的，諸侯稱王，在戰國時代是很普徧的現象，在春時代則除了吳、楚等少數諸侯外，很少有稱王的（有些學者主張夏小正爲戰國時代的作品，大概就是基於這點考慮吧），所以夏氏不禁懷疑地說：「杞是殷的諸侯，又是周的諸侯，在春秋時代是個很弱小的諸侯國，稱『王』有問題，也不能說絕對不能稱『王』，春秋時代的楚國不是也稱『王』嗎？總之，這是個問題，還是不能肯定。」考之古籍，杞國諸侯在周或稱公，如逸周書王會篇有夏公，即杞公；或稱侯，或稱伯，或稱子，則爲春秋經傳所習見，但從來沒有稱王的紀錄。我的看法是這個王不是杞君，而可能是徐駒王、偃王之類的徐君。徐駒王見於禮記檀弓，徐偃王見於韓非子五蠹、淮南人間、史記趙世家、說苑指武、譙周古史考、後漢東夷傳等，彝器中『郐王』之稱尤爲習見。今安徽泗縣北八十里有徐城，相傳即爲偃王所築。春秋時代在淮海地區稱王的，既然只有徐君，而且徐是伯益之後，使用夏曆，其保存先民的某些文獻，再加以增訂，寫成了夏小正，是可能的事。這本小書後來傳到同屬夏族，相距又不遠的杞國（據程師旨雲春秋左氏傳地名圖考，杞原封河南雍邱，桓公六年遷都山東淳于，僖公十四年遷緣陵，襄公二十九年又遷回淳于），孔子因而有機會在杞國看到夏小正，也是可能的事。我這種看法雖然也只能算是一種猜測，但不失爲對夏氏說法的修正與補充。很希望將來有天文學家按夏小正的紀錄，去推算春秋時代淮海地區的星象，說不定可以有更令人滿意的發現。

在有關傳文作者的各種異說中，最發人深省的應該是將著作權歸之於子夏、公羊、穀梁的說法了，王筠云：「黃氏（叔琳）曰：『夏小正，舊傳子夏所作，謬也。』筠未見此說所出，竊以爲謂子夏作傳耳。」（夏小正正義凡例）莊逑祖云：「夏小正傳蓋高、赤之流，學者失其傳，故閭里小知得坿焉。」（明堂陰陽夏小正經傳考釋）朱駿聲亦云：「斯傳之作，疑出公羊、穀梁二子手筆，思表纖旨，與春秋傳異曲同工。」（夏小正補傳序）爲什麼他們會有這種主張呢？程鴻詔云：「儀禮喪服傳先儒以爲子夏所作。賈公彥謂公羊傳有『者何』『何以』之等，喪服傳亦有『者何』『何以』之等，公羊是子夏弟子，師弟相習，語勢相連，得爲子夏所作。據賈此言，則小正亦有『者何』『何以』之等，故或云子夏，或云公羊、穀梁作也。」（夏小正集說篤首）如果我們檢閱了下列這幾段文字，就不難證明程氏所言不虛：

夏小正正月：「鴈北鄉——先言鴈而後言鄉者，何也？見鴈而後數其鄉也。鄉者，何也？鄉其居也，鴈以北方爲居。何以謂之？生且長焉爾。九月『遰鴻鴈』，先言遰而後言鴻鴈，何也？見遰而後數之，則鴻鴈也。何不謂南鄉也？曰：非其居也，故不謂南鄉。記鴻鴈之遰也，如不記其鄉，何也？曰：鴻不必當小正之遰者也。」

喪服傳：「斬者何？不緝也。苴絰者，麻之有蕡者也。……童子何以不杖？不能病也。婦人何以不杖？亦不能病也。」

公羊傳僖公十六年：「曷爲先言霣而後言石，霣石，記聞，聞其磌然，視之則石，察之則五。是月者何？僅逮是月也。何以不日？晦日也。晦則何以不言晦，春秋不書晦也，朔有事則書，晦雖有事不書。」

穀梁傳僖公十六年：「先隕而後石，何也？隕而後石也。于宋，四境之內，曰宋。後數，散辭也，耳治也。是月者，決不日而月也。」

它們之間的相似，不僅在於同有「者何」、「何以」之等，就連行文語氣也相當接近。尤其公羊、穀梁與夏小正之間似乎更有血緣關係。我們若進一步去翻閱一下這三本書，就可以發現它們用詞相近者太多了，如：

△夏小正正月：「時有俊風——俊者，大也。大風，南風也。何大於南風也？曰：合冰必於南風，生必於南風，收必於南風，故大之也。」

公羊傳隱公七年：「執之則其言伐之何？大之也。」

△夏小正正月：「鷹則爲鳩——鷹也者，其殺之時也；鳩也者，非其殺之時也。善變而之仁也，故

其言之也，曰『則』，盡其辭也。鳩爲鷹，變而之不仁也，故不盡其辭也。」

穀梁傳僖公十六年：「石鶂且猶盡其辭，而況於人乎？」

△夏小正正月：「初服于公田——古有公田焉者，古者先服公田，而後服其田也。」

公羊傳宣公六年：「則無人門焉者，則無人閨焉者。」

△夏小正五月：「乃瓜——乃者，急瓜之辭也。瓜也者，始食瓜也。」

穀梁傳定公十五年：「乃，急辭也。」

△夏小正七月：「秀雚葦——未秀則不爲雚葦，秀然後爲雚葦，故先言秀。」

公羊傳文公十六年：「未成爲郎臺，既成爲泉臺。」此外，還有「焉耳」、「其或」、「或曰」、「其或曰」、「與」、「善」、「著」……，可說俯拾皆是，可見莊述祖、朱駿聲等人的看法是相當有道理的。

過去，傳統的說法認爲儀禮喪服傳是子夏所作，公羊傳、穀梁傳爲子夏弟子公羊高、穀梁赤所作，他們都是春秋末或戰國初人，夏小正傳自然也就是戰國初年的作品。近代有許多學者則以爲儀禮喪服傳是漢時河內女子所得，公羊傳、穀梁傳到漢時始著於竹帛，都是漢人著作（詳見屈萬里先生先秦文史資料考辨），因而夏小正傳也應當作於漢代。我則以爲我們只能說夏小正傳的作者與儀禮喪服傳、公羊傳、穀梁傳的作者大概同屬一派，而不能說他們一定是同一個人，自然時代也就不一定要一致。更何況公羊、穀梁成書雖晚，卻是口耳相傳了好幾代始著於竹帛的，其中含有許多先秦的資料，這是任何學者都不能否認的事實。我們若說夏小正傳著於竹帛的時間比它們早，在道理上並非講不通的。此外，還有兩點理由更加值得留意：㈠、二月「丁亥萬用入學」傳云：「謂今時大舍采也。」大舍采的禮節，漢以後起碼有五種異說，洪震煊云：「以今時舍采之禮定之，傳非漢以後人作也。漢已無復行舍采禮者，故諸儒說舍采之義不定。」（夏小正疏義）㈡、呂氏春秋十二月紀、淮南子時則、逸周書時訓等時令類的作品，其時代不是戰國末年就是漢朝初葉，它們都充滿陰陽五行的色彩。夏小正的性質與他們相近，但傳文僅淡淡地提到「日冬至陽氣至始動」（十一月）「蓋陽氣且睹也」（十二月）可見它並未受到呂紀之類的影響，其著成時代當不晚於呂紀。夏緯瑛云：「夏小正傳中不見有陰陽家的思想，當是還沒有受陰陽家的影響，所以可以認爲它是戰國早期的作品。」（夏小正經文校釋）所言是否過早，容或有商榷的餘地，但若視爲戰國末年以前的作品，應該是可以說得通的。至於其作者是誰？那就無可稽考了。

三、經傳之評價

畢沅云：「小正于天象、時制、人事、衆物之情，無不具紀，洵爲一代之巨憲。」（夏小正考注自敍）孔廣森也說：「上紀星文之昏旦、雨澤之寒暑，下陳草木稊秀之候，蟲羽飛伏之時，旁及冠昏祭薦耕穫蠶桑之節，先王所以敬授人時，與明堂月令實表裏焉。」（大戴禮記補注篇首）其書材料之宏富由此可以略窺一斑，而其影響之深遠也就不難想見。拙著夏小正研究緒論部份曾稱讚它是時令之先河、農書之嚆矢、天文之淵藪、博物之總滙、文化之龜鑑，可說已給予極高的評價。本書天文、曆法、生物、氣候、人文各篇對夏小正全書的內容也將有詳細的分析，因此，有關其書的內容材料方面，此處就暫不多言。

依據孔廣森的統計，夏小正經文僅有四百七十字，卻可分爲一百二十一節，每節平均不及四個字，在文字方面自然十分精簡，故傅崧卿說：「辭大氏約嚴，不類秦漢以來文章。」（夏小正戴氏傳序）它是春秋以前的作品，時代較早，文字自然也較樸質，所以汪照云：「較之逸周書之周月解、呂不韋之月令、淮南子之時訓，尤爲古質，決非周秦間人所造。特祖龍灰燼，篆隸承訛，脫簡或所不免，其爲古書無庸疑也。」（大戴禮注補目錄）這種約嚴古質的文字，有些學者特別激賞，如錢大昕云：「勝於呂不韋書。」（程鴻詔夏小正集說引）安吉云：「（正月魚陟負冰）月令改作『魚上冰』，讀上字而知小正曰陟曰負之化工肖物。月令襲小正之文，往往化神奇爲臭腐。」（夏時考）甚至連看來似乎散漫而不整齊的結構，安吉也推崇說：「右記正月之候，補堯典之孟春也。以祭耒服田爲一篇之大旨，凡小正紀月候，皆爲農事也。以啓蟄爲一月之大旨，凡紀正月，皆紀啓蟄也。雁北、雉雊、鷹化、雞粥，春陽之來，啓蟄之本也。魚陟、鼠出、柳稊、某華，啓蟄之效也。風俊、雪澤、鞠見、參中，啓蟄之時也。見韭、采芸，啓蟄之時物也。凡此類皆以考驗均田、服田之候也。小正詳春令，歲之始也；尤詳於正月，春之始也。」（夏時考）所言雖不無穿鑿，也不能說毫無道理。

當然，在千百年後的今日，我們站在較客觀的立場，覺得這本書多少還是有些瑕疵。如正月「鷹則爲鳩」、三月「田鼠化爲鴽」、五月「鳩爲鷹」、八月「鴽爲鼠」、九月「雀入于海爲蛤」、十月「雉入于淮爲蜃」，都違反生物學的道理，只是觀察不夠精密所產生的誤會而已。如正月「寒日滌凍塗」、「農及雪澤」、二月「初俊羔助厥母粥」、「昆小蟲抵蚳」、三月「䍧羊」、四月「執陟攻駒」……這些詞句都過分古奧，使人不易把握其眞正的含意。還有，它取材以天象、物候、民事爲主，內容本來就瑣碎，行文又十分參差，每月記事，或以時間先後爲次，或以性質異同爲類，或隨文臚擧，交錯爲用，並無定則，再加上錯簡訛缺比比皆是，就更令人爲之目眩了。雖然如此，我們並不能過分責備作者，因爲他（或他們）生在科學並不發達的古代，而且又不是在寫文學作品，自然不能完全讓人滿意。相反地，我們還得感謝他留下了這珍貴的古代文獻。范家相云：「嘗讀呂氏月令、淮南時則訓，非不文完義密，但經秦漢人之輯錄，不無潤色增加，瑕纇時見。非如小正文殘簡錯，仍存本來面目，其中即小見大，可爲諸經疏證者甚多。如農及雪澤、初服於公田，則夏有公田之證也；采蘩與祭鮪並擧，則于豆于登之證也；讀五月之種黍菽糜，可知月令之非；讀八月之剝瓜、元校，可識豳風之正，如此不可悉擧。善讀書者存疑存信，以經說經，豈以缺訛不全爲憾哉？」（夏小正輯注自序）就夏小正的價値而言，他所講的不過擧其一端，而態度倒是可取的。

經文既然有相當價値，解讀又如此不易，傳文自然是頗爲必要的。歷代學者對傳文的評價究竟如何呢？盧文弨云：「戴氏之傳夏小正（傳，去聲），可謂精矣！所辨析不過字句之間，而有以通乎作者之本意。」（夏小正補注書後）安吉也說：「戴氏釋經，不以傳文混經文，不以傳文沒經文，可爲解經者法，可證改經、紊經、刪經之謬，可以傳經爲萬世考信之書。」（夏時考）他們的推崇可謂無以復加。而范家相云：「此書有經有傳，傳作於戴德，多不合經，則經文非德所撰甚明。」（夏小正輯注自序）夏緯瑛更說：「儒生作傳解經，任意曲解，把一些古老文獻解釋得糊裏糊塗，不祇夏小正傳爲然。」（夏小正經文校釋）則又貶損得一文不值。同一本書，評價如此懸殊，可能是不太尋常的吧？

平心而論，夏小正傳之釋經，或逐字詮釋，或擇要解說，或前後重釋，或兼釋較論，或設問申釋，或並存異義，正如安吉所云：「案戴氏于小正重文，皆如其文而釋之，其愼也；于錯簡亦如其文而釋之，其愼也。子曰：『吾猶及史之闕文也。』惟闕文而經可以傳信無闕也。」（夏時考）其態度大體上是嚴肅而謹愼的。在數以百計的夏小正注釋中，它爲時最早，如果沒有它，我們面對的可能像「斷爛朝報」，有許多地方伏讀十年不能通曉，而後來的許多注釋可能也就無從產生了。不但如此，它也是現存各種古注中時代較早的，所以在名物訓詁方面亦諸多可採，如二月以由胡、繁母、旁勃解蘩，四月以屈造解蜮，可以補爾雅、說文之不足；五月以匽釋唐蜩，十二月以螘釋玄駒，可以與詩傳、方言相互參證。若此之類，都可以作爲訓詁之資糧，其價值是不能一筆抹煞的。

從另一個角度看，夏小正傳難饜人意之處也不少，如：正月鞠則見云：「鞠者，何也？星名也。」三月采識云：「識，草也。」所言都過於籠統，等於沒有解釋。三月羵羊云：「羊有相還之時，其類韡韡然，記變爾。或曰：韡，羝也。」八月爽死云：「爽也者，猶疏也。」語意十分模糊，不啻留給後人一個謎團。五月「王萯秀」、「秀幽」注釋都付闕如，更使讀者難以判斷其爲何物。三月以「長股」釋倉庚，七月以「萑葦之秀」釋荼，有許多注家都懷疑其訛誤。正月緹縞云：「先言緹而後言縞者，何也？緹先見者也。」八月栗零云：「零而後取之，故不言剝也。」其說都未免失之迂曲。二月來降燕乃睇云：「百鳥皆曰巢突穴，取與之室，何也？操泥而就家，入人內也。」八月鹿人從云：「鹿之養也，離群而善之，離而生，非所知時也，故記從不記離。」文字拗折，令人難以卒讀。正月鴈北鄉云：「先言鴈而後言鄉者，何也？見鴈而後數其鄉也。鄉者，何也？鄉其居也，鴈以北方爲居，何以謂之？生且長焉爾。九月『遰鴻鴈』先言遰而後言鴻鴈，何也？見遰而後數之，則鴻鴈也。何不謂南鄉也？曰：非其居也，故不謂南鄉。記鴻鴈之遰也，如不記其鄉，何也？曰：鴻不必當小正之遰者也。」膠著字面，行文實在過於板滯。由於有這些缺陷，洪震煊云：「經文簡質，傳義奧深，習其讀者已難，通其說者卒尠。」（夏小正疏義序）黃漕也曾說：「我讀夏小正而惜焉，惜乎其多不可解者也；我讀夏小正傳而疑焉，疑乎其曲爲之解也。」（夏小正自序）他們的感嘆都不是徒然的。

總之，夏小正傳不夠完美是無可諱言的事。只可惜它是僅存的古注，不像春秋有三傳可供我們在「三長」「五短」之間有所選擇。在不得已的情況下，我們只好一方面儘可能接受它可取的說法，一方面自異說紛紜的後代注釋裡擇善而從，來修正它的疏漏，我想這才是比較正確的態度。否則，像孔廣森、洪震煊那樣篤信傳文，不容一語之出入，或像莊述祖那樣動輒竄易經傳，以就己說，就未免趨於極端，恐怕難逃譏評了。

貳、夏小正之天文

顧炎武云：「三代以上，人人皆知天文。『七月流火』，農夫之辭也，『三星在戶』，婦人之語也；『月離於畢』，戍卒之作也；『龍尾伏晨』，兒童之謠也。後世文人學士，有問之而茫然不知者矣！」（日知錄卷三十）古人所以特重天文，是由於當時文化落後，節候的轉移、時間的早晚、方向的變遷，往往有賴於仰觀天象，才能判斷。因而，無論遊牧、農耕、旅行、航海乃至日常生活起居，都與天文脫離不了關係。人類就在天文長期的指引下，慢慢地改進生活，創造文化，朱文鑫云：「天文爲科學之祖，文化之母。世界文化之起源，莫不與天文相表裏，世界科學之發達，莫不藉天文以推進。」（天文學小史）實在是一點也不錯的。

夏小正是我國現存最古的曆書，其中天象紀錄見於經文者計有：

正月：鞠則見。初昏參中。斗柄縣在下。

三月：參則伏。

四月：昴則見。初昏南門正。

五月：參則見。初昏大火中。

六月：初昏斗柄正在上。

七月：漢案戶。初昏織女正東鄉。斗柄縣在下則旦。

八月：辰則伏。參中則旦。

九月：內火：辰繫于日。

十月：初昏南門見。織女正北鄉則旦。

這些都是我國古代天文學史上極其重要的資料，很有研究的價值。茲以星辰爲單位，逐一論述於後，首爲在二十八宿之列者，次及南門、織女兩大星，而以斗柄、漢殿焉。另附洪震煊的小正天象圖（見傳經堂叢書本夏小正疏義）及高平子的天官概略圖（見史記天官書今註），左文右圖，隨月旋轉，當有索驥之便。

一、鞠

正月：「鞠則見——鞠者，何也？星名也。鞠則見者，歲再見爾。」

傳謂鞠爲星名，在史記天官書及甘公、石申夫的星經都無可考，金履祥夏小正注因而懷疑此節可能是在講「菊始苗」。由於夏小正記草木與記星象的用詞完全不同（如係草名，應說：「鞠始生」），

小正天象圖

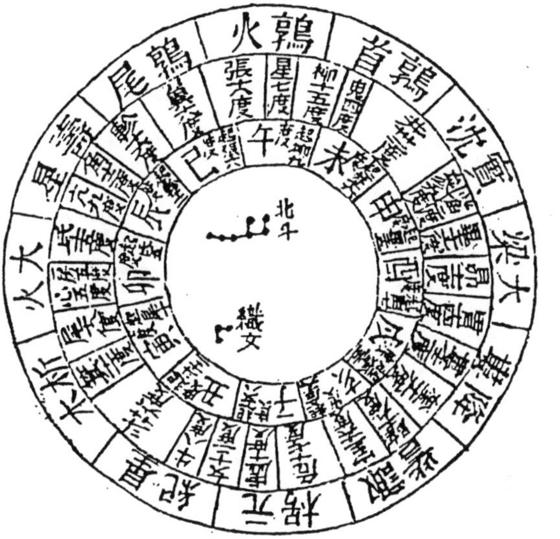

天官概略圖

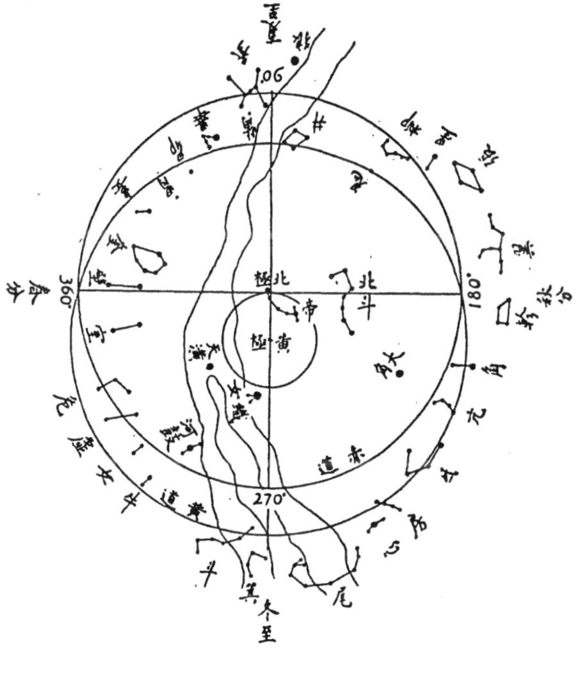

古籍裏所載星名又往往與天文專書有異，一般學者還是贊同傳文的解釋。問題是鞠究竟是何星呢？對於此點，自來聚訟紛紜，莫衷一是。茲依星空分區，將歷代說法歸納為四類十二說：

㈠北方玄武

1危室說：金履祥夏小正注主之。

2.黃星（卽危宿天鉤星）說：黃叔琳夏小正注主之。
3.杵臼星（在危宿北）說：盛百二主之（洪震煊夏小正疏義引）。
4.祿星（在虛宿北）說：王聘珍大戴禮記解詁主之。
5.北落星（在虛、危之南）說：王引之經義述聞主之。
6.虛星說：洪震煊夏小正疏義主之。
7.天錢星（在危宿）說：雷學淇介菴經說主之。
8.瓠瓜星（在虛宿）說：顧鳳藻夏小正經傳集解主之。

㈡南方朱鳥

1.柳星說：戴震聚珍版大戴禮記主之。
2.南方朱鳥三次說：馬徵麐夏小正箋疏主之。

㈢老人星（近南極）說：王筠夏小正正義主之。

㈣辰星（卽五星之水星）說：黃模夏小正異義主之。

所謂「則見」，依小正之例，是指旦見於東方。各家之說，或乖違星候，誤認正月晨伏之星（如戴震、馬徵麐、王筠）；或所言非明大之星，古人不可能取以紀候（如黃叔琳、王聘珍、盛百二、雷學淇、顧鳳藻）；或缺乏字義形聲之據（如王引之），多不足採信。惟有洪震煊虛星之說，覈以文字、星候、載籍都能相合，程鴻詔、宋書升推許爲遠勝諸家，今姑從之。虛宿二星在西圖爲寶瓶β（三・一等星）

及小馬α（四・一等星）二星，也就是堯典「宵中星虛」的虛，宋書升云：「正月朔氣黃道日躔東壁三度四十三分，距虛四十八度，故見。」（夏小正釋義）此星正月晨出東方，則七月昏見東方，所以傳云：「歲再見爾」，然七月經傳不復提及，可能是有闕文。

二、參

參宿卽西圖獵戶座諸星。四隅皆大星，左肩α星最大，爲零至一等之間的紅色變星，直徑三萬億哩，體積比太陽大三二五萬倍，光度比太陽强二千九百倍，是現在已知體積最龐大的星球。距離地球二七二光年（一光年約合五萬八千六百五十六億九千六百萬哩）。右足β星爲青白色的〇・三等星，直徑比太陽大卅五倍，距離地球五四〇光年。中腰三星（衡石）皆二等星，於西圖爲獵戶之帶，下垂三星（罰，或作伐），爲獵戶之劍，景象至爲壯觀，是西方白虎七宿中最明大者。不僅在古埃及視爲大辰，農事之作息，以其見伏爲依歸，卽在中土，也常用以紀時令，單以夏小正而言卽數見：

㈠正月：「初昏參中——蓋紀時也云。」

古時西方爲遊牧社會，未明卽起，較重視晨星，中國爲農業社會，日入而息，較重視昏星。黎明或黃昏時出現在正南方（卽子午圈上，亦卽午位）的星，就叫作中星。長期觀察中星，可以驗寒暑、均節候、定昏旦、審歲差，其用途至爲廣泛。王聘珍曰：「正月節，參去日九十度，昏刻中於南方也。」

（大戴禮記解詁）洪震煊以爲去日九十六度，宋書升以爲去日七十三度二十一分，他們三位所推步雖有出入，但都認定爲夏代星象，而日本的能田忠亮則以爲正月參中與月令所載正同，當是西元前六百年左右的記事（夏小正星象論）。關於這點，早在唐代，一行大衍曆議（見新唐書歷志）就已發現大有問題，而刪去「參中」二字，使「初昏」與下文「斗柄縣在下」逕相連接。如果夏小正正月經文確有「參中」，那麼其寫定時間當在春秋時代。

㈡三月：「參則伏——伏者，非亡之辭也。星無時而不見，我有不見之時，故曰伏云。」

洪震煊云：「伏者，去日近也。凡星西去日躔三十度許，則昏而伏於西方；東去日躔三十度許，則晨而見於東方。小正正月日在營室，則二月日在婁，三月日在昴，是時參西去昴不及三十度，故伏也。」（夏小正疏義）一行以爲去日十八度，宋書升以爲去日十三度，推步更爲精密。星之不見，或爲日所奪，或爲地所蔽，三月參則伏，是因爲接近日躔，爲日光所奪的緣故，傳文所釋，十分精要，清孫詒讓推許曰：「其於地圓之理，蓋尤明辨晰矣！」（籀膏述林卷四大戴禮記斛補敍）能田忠亮認爲此節所記是西元前二一四四至二〇八一年的星象，正是夏代文獻之遺。

㈢五月：「參則見——參也者，牧星也，故盡其辭也。」

孔廣森云：「五月，日在東井之末，參距日三十度，將旦，先出東方也。」（大戴禮記補注）王聘珍以爲去日四十二度，宋書升以爲去日四十五度，都在三十度以上，且見東方是很合理的。范家相懷疑三月既明書參則伏，豈有逾一月而參復爲中星之理，因斷爲十一、十二月經文之錯簡（夏小正輯

注）。其實，「則見」指旦見東方，與「中」之指見於南方者有別，范氏不瞭解此點，所以有所誤會。大戴禮記本傳文以牧星釋參，馬徵麐云：「謂參主牧事也。……牧星誼晦久矣！」（夏小正箋疏）傳崧卿本牧星作伐星，倒是與周禮考工記、毛詩小星傳、公羊傳昭公十七年何休注等相符。

㈣八月：「參中則旦。」

一行以爲此節失傳。王聘珍云：「古法秋分昏明中星去日百度，夏時八月中日在氐七度，參初去日一百四十九度，非中也。」（大戴禮記解詁）所說皆甚是。黃叔琳、戴震還爲之迴護，未免失察。孔廣森、雷學淇以爲是七月錯簡，朱駿聲以爲當云柳中，他們都是在彌補失傳的缺憾，用意固然不錯，不過似乎皆不如顧鳳藻所說：「參當爲曐，七星也，篆書曑曐形相似。月中之氣，日躔大火之中，日出加卯位之中，故七星中也。」（夏小正經傳集解）宋書升申之曰：「仲秋旦中之星，即仲春昏中之星，皆去日九十度，依此推知參實星之譌文也。……是月中氣黃道日躔氐十一度二十分，距星後八十九度五分，故旦中。」（夏小正釋義）如此一字之易，文字、星候俱順，可說是釐然當於人心。星宿爲南方朱鳥七宿之一，又稱七星，於西圖爲長蛇之心，其大星α，光二等。

三、昴

四月：「昴則見。」

昴宿爲西方白虎七宿之一，於西圖屬金牛座，距離地球三百光年，是最有名的疏散星團，主星爲三等星。高平子云：「昴卽昴宿星羣，西名Pleiades，肉眼明察者可見七星，故俗名『七姊妹會』。望遠鏡中小星無數，混有彌漫星氣，古人因其朦朧髣髴，稱爲髦頭。」（史記天官書今註）夏四月昴去日之度數，各家推步不同，王聘珍云四十一度，洪震煊云三十度，宋書升云四十二度一十三分，能田忠亮云四十四度餘，然去日皆在三十度以上，所以能夠旦見於東方，雷學淇謂：「昴則見乃三月之朔象，簡脫於後。」（古經天象考卷八）恐怕是不對的，能田忠亮以爲此節乃西元前一九三三年星象，也是夏代遺文。

四、大火

大火卽心宿，東方蒼龍七宿之一。心大星爲西圖之天蝎α，爲一·二等大星，直徑爲太陽的四百八十倍，亮度爲太陽的一千六百倍，色赤。距離地球二百五十光年。其前後二星爲天蝎σ及τ，皆三等星。汪中云：「東方七宿最明大者莫如心，西方七宿最明大者莫如參，故古人多用之以紀時令。」（述學內篇卷一，釋曟參二文）傳說早在顓頊時代就有「火正」之官，專司大火之觀測，根據其出沒來指導農業生產；左傳昭公元年謂心爲殷之守護神；甲骨文中如：「七月己巳夕𧯝□㞢新大星並火。」（殷虛書契後編下卷九頁一片）也記載了殷代有祭祀大火之禮，都足見古人對此星之重視。大火在夏小正凡二見：

㈠五月：「初昏大火中——大火者，心也。心中，種黍菽糜時也。」

王聘珍云：「五月中，日在柳，心宿去日一百一十八度，昏刻中於南方。」（大戴禮記解詁）雷學淇以爲去日一百有七度，宋書升以爲去日一百一度二十分，所推步都十分接近，一行大衍曆議云：「古曆冬至昏明中星去日九十二度，春分秋分百度，夏至百一十八度。」（新唐書曆志）夏至在五月，所以此時初昏大火中是毫無問題的。孔廣森云：「小正五月心中，合於堯典『日永星火，以正仲夏。』此虞夏時歷也；月令六月心中，合於左傳『火中寒暑乃退』，此周秦時歷也。恆星東行，故古今差焉。」（大戴禮記補注）近人頗疑堯典晚出，也許它與夏小正一樣，也保留了某些古代星象的記載，由於歲差關係，所以比月令六月昏火中早一個月吧？

㈡九月：「內火——火也者，大火。大火也者，心也。」

洪震煊云：「九月房繫于日，心比于房，不及十度，是爲內入也，視伏爲深矣！」（夏小正疏義）宋書升也說：「內，古文納。內伏異例，伏者，謂星隱於日光之中也；內者，謂星內於地平之下也。……是月朔氣黃道日躔心三度四十分，與星體同度，日入之時，卽火入之時，故云內。則古人之言內火、出火，當與堯典之言納日、出日同義。」（夏小正釋義）唯金履祥、姚燮則否定傳文的說法，以爲內火與下「主夫出火」相對，猶周禮司爟之內火，所講的是王政，而非天象。殊不知古今時制往往不同，怎可用周禮說小正？何況周禮出火在季春、內火在季秋，而小正出火、內火都在九月呢！如果一定要以周禮說之，則「主夫出火」勢必非移到三月不可，豈不是削足適履？

五、辰

沈括云：「事以辰名爲多。」（夢溪筆談卷七）辰字載籍屢見，而所指往往各有不同。新城新藏云：「所謂辰者，或爲大火，或爲參伐，或爲北斗，又周初用二十八宿法，遂以日月交會點爲辰，至春秋中期，用土圭以測日中太陽高度，則謂太陽爲辰。」（東漢以前中國天文學史大綱）在夏小正中曾兩度提及辰，到底它是那一個星宿，也是見仁見智的。

㈠八月：「辰則伏——辰也者，謂星也。伏也者，入而不見也。」

辰，金履祥以爲是大火，徐世溥以爲水星，王聘珍以爲角星，孔廣森以爲房星。大火就是心宿，小正屢見，然或謂之大火，或謂之心，此處果爲大火，何必改用異稱，徒增讀者的困擾？而且八月也不是大火伏之時，所以金說不可從。水星一名辰星，是行星之一，見伏並無常期，不適合紀候，因而徐說不足爲據。角星此時固然也伏而不見，但辰角之名僅見於國語周語，如果省稱爲辰，極易與他星之稱辰者相混，是以王說也有可議之處。唯獨孔廣森房星之說最爲合理，因爲今天我們看到初學記卷二、太平御覽卷廿五引此傳正作「辰，房星」，而說文解字曰：「農，房星，爲民田時者也。」爾雅曰：「大辰，房心尾也。」楚辭遠遊：「奇傅說之託辰星兮。」王逸注：「辰星，房星也。」也都足以作爲旁證。宋書升云：「是月朔氣黃道日躔亢七度五十分，距房前二十一度，故伏。」房宿爲東方蒼龍七宿之一，以西圖的天蝎β（二·九等星）δ（二·五等星）π（三·四等星）ρ（四等星）四星爲主，陳啟源曰：「房四星，心三星，體皆明大，擧目共見，易以曉民，宜古人多用以布令也。」（毛詩稽古編）

㈡九月：「辰繫于日。」

王聘珍以爲八月的辰是角星，此月的辰是房心尾，前後不一致，而且房心尾三宿廣達二十八度，未免失之過泛，所以此處還是從孔廣森說，當作房星較爲適當。洪震煊曰：「八月日躔在角，故房則伏，九月日躔在房，則房且繫綴于日矣！不言日繫於辰，而言辰繫于日者，小正重在言天體以定時，不重在言日月五星也。重言日月五星者，後世法也。」（夏小正疏義）

六、南門

史記天官書云：「亢爲疏廟，主疾，其南北兩大星曰南門。」南門在庫樓南，於西圖屬半人馬座，ε星卽南門一，爲二·四等星，α星卽南門二，是目視雙星，大者〇·一等星，次者一·七等星，相當明亮，距離地球四·三光年，是一顆公認爲除了太陽及比鄰星（距離四·二五光年）之外最接近地球的恒星。其運轉速率極快，每秒約五六十英里，只有大角星可與相比，所以在天空之位置，一千餘年可以相差一度。夏小正南門凡二見，是否即此二大星，自來是有異議的。

㈠四月：「初昏南門正——南門者，星也。歲再見，壹正，蓋大正所取法也。」

洪震煊懷疑庫樓外之南門離赤道過遠，入地平下不見，故據邵晉涵爾雅正義之說，以爲即亢宿，然鄒伯奇曾詳加推步，頗不以爲然，其說云：「如法算得南門一在赤道南三十度五分五十六秒，南門二在赤道南三十七度五十八分五十秒。夏都在漢安邑，即今之夏縣，北極出地三十五度一十一分即爲赤道，距天頂加星南緯與象限相減餘得南門二星加正午在地平上，其一當二十四度四十三分四秒，其二星一十六度五十分十秒。……天官書『其南北兩大星曰南門』，即庫樓外之南門，北字爲衍文無疑也。若亢南北兩星據今測皆四等，無緣稱爲大星。南門則一、二等，在當時燦然地上，固當取爲中星者。洪氏不察古今星距赤道有遠近，而以或有明暗說之，非事實也。」（學計一得卷上夏小正南門星考）宋書升更以術推之，亦相合，能田忠亮也以爲四月南門正是西元前二千年的星象。所以今從鄒說，仍以南門爲庫樓外兩大星。此外，李調元主張南門即月令之翼宿（夏小正箋），無人採信，可不具論。至於經文「正」字，傳未詳解，王筠以全書文法衡之，疑「正」下有闕文（夏小正正義），宋書升則云：「中星之法，古人專用近赤道一帶諸星。……其南北距緯漸遠之天，古人特取其星之顯者以參合中星用之。但遠乎赤道者不得稱中，則取其正而已，中必於南方，正不必於南方也。凡取正之星必數星成體，縱橫分明，乃得指審定向之處。」（夏小正釋義）尚可自圓其說。

㈡十月：「初昏南門見——南門者，星也，及此再見矣！」

十月南門應晨見而非昏見，一行大衍曆議以爲失傳。戴震聚珍版大戴禮記、秦蕙田五禮通考觀象授時也都主張「初昏」二字衍文，所見良是。孔廣森亦贊成南門晨見，而以爲初昏指昏姻而言，另成一節。殊不知小正初昏一詞除此條外凡五見，皆謂日入以後，從來沒有作昏姻講的。洪震煊在四月主張南門爲亢宿，此處則以爲是東井八星，未免前後游移，而且傳文明言「及此再見」，則兩南門仍當視作同一星辰比較適當，朱駿聲夏小正補傳以爲洪說殊誤。

七、織女

織女三星成三角形，位於天河之西北邊緣。其大星卽西圖之天琴座α，專名Vega，直徑爲太陽的二·五倍，亮度爲太陽的五十三倍，表面溫度約在一萬度左右，呈青白色，星光〇·一等，爲北天第一明星。全天第四亮巨星，僅遜於天狼星（負一·六等）、老人星（負〇·九等）、南門二（〇·一等）。此星距離地球廿七光年，由於歲差關係，一萬二千年後將成爲地球的北極星。高平子云：「此亦當爲最古紀節候之星，而後代以近黃道之女宿（婺女）代之。故女宿四星均極微小，反列於二十八宿，而織女乃專爲神話故事之對象矣！」（史記天官書今註）夏小正兩次記載織女，而不及女宿，其時似仍以織女紀候。

㈠七月：「初昏織女正東鄉。」

戴震以爲織女三星恆鄉降婁（戴東原集卷五記夏小正星象），孔廣森則以爲鄉陬訾之口（大戴禮記補注）。洪震煊云：「爾雅釋天云：『娵訾之口，營室、東壁也。降婁，奎、婁也。』今實測圖織女兩距小星恆鄉營室宿之南星，尚不及東壁，於奎、婁更遠也。七月初昏，箕斗正加午，則室、壁正加卯，奎、婁加寅，寅，東北隅也。織女鄉卯，是爲正東鄉，若鄉寅，則不得云正東矣！」（夏小正疏義）宋書升亦云：「是月朔氣黃道日躔軫三十八分，昏時娵訾加卯，故織女正東。而東向之時最近天頂，經文不言中者，知遠乎赤道者不得稱中。」（夏小正釋義）可見當以孔說爲是。

(二)十月：「織女正北鄉則旦。」

此處一行大衍曆議以爲失傳。王應麟玉海本夏小正無「則旦」二字，徐圃臣移上文「初昏」二字於此節「織女正北鄉」上，移此節「則旦」二字於上文「南門見」下（黃模夏小正異義引）。梁廣庵云：「當是『初昏織女見，南門正北向則旦。』」（同上）雷學淇云：「十月之象皆錯簡。……南門見乃仲秋之朔象，織女正北向在旦乃仲冬之朔象也。」（古經天象考卷八）他們都是懷疑經文有錯簡的。但孔廣森、王聘珍、洪震煊等仍然主張經文無誤，宋書升亦云：「今時織女屬斗初度，夏時織女屬斗末度，赤極移故也。是月中氣黃道日躔斗十六度十一分，日旦出辰方，星紀加卯，故織女北向矣！」（夏小正釋義）能田忠亮也認爲此處並無錯簡，唯夏小正所記織女星象當以西元前六百年左右較爲適合（夏小正星象論）。可見此節異說極多，還有待專家學者進一步研究。

八、斗柄

春秋運斗樞云：「北斗七星：第一天樞，第二旋，第三璣，第四權，第五衡，第六開陽，第七搖光。第一至第四爲魁，第五至第七爲杓，合而爲斗。」（檀弓正義、史記索隱引）此七星即西圖大熊座之α（二等星，距離一一〇光年，本爲二千年前的北極星）、β（二・四等星，距離一六〇光年）、γ（二・五等星）、δ（三・四等星，距離六十三光年）、ε（一・七等星）、ζ（二・四等星，距離八十八光年）、η（一・九等星，距離八百光年）等，素無疑義。北斗七星在不同的季節和夜晚出現於天空不同的方位，十分醒目易識，自古以來往往用來辨方向、測時間、定季節，是一個很重要的星座。錢寶琮云：「蓋觀象授時所取星隨各地之風俗習慣而異，亦不限於赤道鄰近之星。北辰、北斗、織女等星座緯度極高而常見不隱者，亦得視其在天空中之方向以推測歲時之早晚也。」（論二十八宿之來歷）夏小正有關七星的記載，主要的當是以斗柄位置表示一日之時刻。固然，經過長期觀察，也可以推測歲時的早晚，但它與後世「是月斗柄建子」、「正月指寅」之類的「斗建」到底還是有區別的。斗建之說，始見於逸周書周月篇、淮南子天文篇，由來甚晚，據史景成說那已是戰國末年以後的事了（周禮成書年代考）。

㈠正月：「斗柄縣在下——言斗柄者，所以著參之中也。」

孔廣森云：「斗柄以南爲上，北爲下。斗魁枕參首，參南上，則斗杓北下矣！」（大戴禮記補注）因地球自轉之故，北斗七星每日以反時針方向環繞北極一周，卽每時辰轉移三十度。若以十二時辰之名順次安排，必與地平面上習用之子午卯酉等十二方位相符。正月初昏斗柄北指，適在子位，斗魁則枕着午位（南方）的參宿，所以孔氏以南上北下說之。徐世溥云：「下，寅位也。……禮上西，故寅爲下。」則涉及正月斗建寅位之說，已非小正原意了。故宋書升云：「以經文考之，正月之昏，斗柄指子，知當時不用斗建法也。……斗建之法殆起於周與？」（夏小正釋義）

(一)六月：「初昏斗柄正在上——五月大火中，六月斗柄正在上，用此見斗柄之不在當心也。蓋當依依尾也。」

宋書升云：「六月朔氣，黃道日躔張五度四十二分，昏中之星當距一百零六度，日距尾前九十四度，昏時析木加午，故斗柄正在上矣！傳覆擧五月經文者，欲以定斗柄實當之宿也。當心，心卽大火也。云『用此見斗柄之不在當心』者，謂心以五月中於午，六月卽移於未，而斗柄正在上之象，實加午宮之西偏，未及於未，故言『不在當心』。尾，尾宿也。……依依乃附著之辭。今實測斗柄所指，正切尾體之右，故言依依以形容之。」（夏小正釋義）傳文不甚明晰，經宋氏疏證，已明暢可讀。此外，黃叔琳釋依爲尾、洪頤煊讀依如殷（與朱德輝書）、洪震煊釋依爲倚、馬徵麐釋上依爲倚，下依爲苗裔，皆較牽強，不及宋說。

(一)七月：「斗柄縣在下則旦。」

孔廣森移八月「參中則旦」於此「斗柄縣在下」上，而刪去複衍的「則旦」二字，其實八月的「參中」當依顧鳳藻說改作「星中」，那麼此處就無須移易刪汰了。宋書升云：「是月朔氣黃道日躔軫三十八分，旦中之星當距日一百零二度，日距參後一百零七度，距尾前六十四度，旦時析木加子，故斗柄縣在下。昏旦中星不齊之故，以黃赤二道不平行，而大距有近遠也。」（夏小正釋義）

九、漢

七月：「漢案戶——漢也……。案戶也者，直戶也。言正南北也。」

傳文「漢也」，語氣不完，其下必有奪文。漢卽銀河，是由一千億以上恆星所組成的白雲色淡光帶（我們的太陽僅是其中的一個恆星而已，而整個銀河系在廣濶的宇宙中，猶如滄海一粟），直徑長約十萬光年，厚度二萬光年。從東方尾宿和箕宿之間開始，呈不規則寬度而橫亙着全天球，頗爲偉觀。詩小雅大東：「維天有漢，監亦有光。」大雅棫樸：「倬彼雲漢，爲章于天。」都表現出它從古以來就極爲人所矚目。夏小正稱之爲漢，蓋以漢水形容其大，猶如以黃河形容天河一般。洪震煊云：「夏后氏世室，世室之制，每室四戶，漢南見於南戶，亦北見於北戶，以是謂直戶也。直具正義，此正南北，卽申釋直戶之義也。……爾雅釋天云：『箕斗之間，漢津也。』漢南直箕斗，是正南也；北絡參井之間，是正北也。正南北，不斜倚也。七月正南北，八月則斜倚矣！」（夏小正疏義）其說甚爲明瞭。

十、日躔

夏小正完全依靠昏旦中星測定歲時，呂氏春秋十二月紀才兼載「孟春之月，日在營室」、「仲春之月，日在奎」……之類的資料，到了西漢以後，天文家推步之術益精，歷法愈密，考定季節乃專重日躔度數，不必再仰賴昏旦中星了。夏小正既未載明每月太陽運行所在，那我們如何推測其日躔呢？洪震煊曰：「九月『辰繫于日』，此明言日躔也。有一月日躔卽可以得餘月日躔，而每月晨見、昏見晨中、昏中、伏、內諸星，又皆可以定每月日躔所在。得每月日躔，亦可以驗每月昏旦星也。」（夏小正昏旦星說）所以從唐代以降，研究小正星象者，在這方面往往可得而說。玆自一行大衍曆議、戴震記夏小正星象、陳懋齡經書算學天文考、王聘珍大戴禮記解詁、洪震煊夏小正昏旦星說、雷學淇古經天象考、介菴經說、宋書升夏小正釋義、能田忠亮夏小正星象論等著作中，爬羅各家所推步的日躔，列一對照表如下：

日躔 \ 推測者	正月 節	正月 中	二月 節	二月 中	三月 節	三月 中	四月 節	四月 中	五月 節	五月 中	六月 節	六月 中	七月 節	七月 中	八月 節	八月 中
一行	營室之末				昴十一度半		井四度		輿鬼一度半							
戴震	降婁		大梁		實沈		鶉首		鶉火		鶉尾		壽星		大火	
陳懋齡	奎				參		井		柳		翼		亢		房心	
王聘珍	營室十六度	奎七度	婁	胃	昴	畢	井	井	井	柳	張	翼	翼	軫	角	氐七度
洪震煊	營室		婁		昴		參		東井		七星		翼		角	
雷學淇	降婁之初首壁三度	降婁之十六度				畢		鶉首之十六度	鶉火之初(柳)	七星			巽維（東南）	壽星之次	卯宮之末	大火之十六度
宋書升	東壁三度四十三分				畢三度		井六度六分	井廿一度六分	柳九度九分	柳十六度九分(？)	張五度四十二分		軫三十八分		亢七度五十分	氐十一度二十分
能田忠亮	壁四度餘（4°.07）				畢三度（2°.96）		井六度半（6°.35）		鬼末度（3°.74）		張八度餘		軫二度半餘		氐四度	

九月節	九月中	十月節	十月中	十一月節	十一月中	十二月節	十二月中
析木之津		星紀		玄枵		娵訾之口	
尾		斗					
心	尾	箕	斗	牛	女	危	室
房		箕					
尾	箕			玄枵			
心三度四十分	尾十一度七分		斗十六度十一分				
尾九度半餘（9°.39）							

以上所列，可分三組，卽：㈠一行、王聘珍、洪震煊一組，㈡戴震、陳懋齡一組，㈢雷學淇、宋書升、能田忠亮一組。各家或以廿八宿爲主，或以十二次爲準；或統舉一月而言，或分節氣、中氣而論；或僅舉宿次，或詳載度分，頗爲參差。若欲詳加比勘，殊非易事。單就正月來說，第一組與第三組相差約四、五度，與第二組似乎相去更遠。而同組之中，每月推步有時也頗有出入，如第三組宋書升九月中氣日躔在心三度四十分，能田忠亮在尾九度半餘，兩者相差十一度左右，所以詳細的硏究，唯有待諸異日，期諸專家。

綜觀夏小正星象，我覺得有幾點值得特別留意：

㈠夏小正猶如古代的農民曆，星象的記載占有十分重要的地位，而二月、十一、十二月在這方面却付諸闕如，顯然並非完璧。卽使在有記載的各月之中，錯簡、脫簡、衍文、奪文的現象也在所難免，自然也就增加後人研究上的困難，這是一般古書常有的現象，實在令人十分遺憾。

㈡在先秦遺籍中，如詩經、尚書、左傳、國語、逸周書、周禮、呂氏春秋等往往有星象的記載，而大多零星散見，不似夏小正之專注。小正所載，屬於二十八宿者有虛（鞠）、參、昴、心（火）、房（辰）、星（八月誤作參），其餘大星有南門、織女、北斗、天漢等，莫不詳記昏旦伏見、中正當鄉，而且頗爲井然有條。如洪震煊曰：「小正凡一月候數星者必一在晨，一在昏。」（夏小正疏義）雷學淇云：「凡言星見、旦中、朝覿，皆是紀月之朔氣；凡言星伏、昏中、昏正，皆是紀月之中氣，絕無有錯亂淆混者。」（介菴經說卷六）安吉云：「春夏先記旦星，春夏蚤起，先見旦星也；秋冬先記昏星，而後及旦星，秋冬夜深而寐，先見昏星也。」（夏時考）皆足見其記事之用心，因而不僅可與載籍互相印證，且可供現代天文學者鑽研，誠屬彌足珍貴。

㈢新城新藏以爲中國天文學的演進，最初是觀測昏旦中星及大星以定歲時的觀象授時，周初始有二十八宿法，至春秋中葉，才有土圭測日法（詳見東漢以前中國天文學史大綱）。夏小正對昏旦中星特別重視，所記二十八宿又遠不及呂氏春秋、淮南子完備。雖有「養日」「養夜」等疑似夏至、冬至的記載，尚不能十分確定，所以它所代表的主要應屬觀象授時時期。固然，夏小正的經文可能至春秋時始寫定，但它所記載的却不完全是當時的星象，而很可能頗有上古之遺，竺可楨云：「史記、淮南子及經傳中所述天象，因歲差之故，不特不能合於現代，且有與原書著作時代亦不相合者，則其天象殆爲邃古之道歟？」（二十八宿起源之時代與地點）明瞭這個道理，我們就不會覺得能田忠亮所云：「夏小正乃從夏代到春秋爲止的產物。」（夏小正星象論）過分矛盾，也不致苛責一行以迄宋書升等人夏代星象之說過分落伍了。當然，夏小正天象記載的上限是否可定在夏代，還有進一步探討的必要，但它保存了某些早期的天文資料應該是沒有問題的。

(四)天象隨時空不同，天文技術亦與時俱進，以夏小正所載星象來推測其成書時代，按道理說是最客觀可信的。可是，歷覽各家的說法却發現他們不一其辭，甚至大相逕庭，徒然增加我們的困惑而已。從一行至宋書升主張夏代所作的傳統說法姑且不論，卽以近代的日本學者而言，如新城新藏主張其時代爲西元前一千年（東洋天文學史研究）、能田忠亮主張爲西元前二千年迄六百年（夏小正星象論）、飯島忠夫主張爲西元前二百年左右（支那古曆法餘論），彼此差距之大，令人咋舌，到底問題的關鍵在那裏呢？竺可楨在論以歲差定尙書堯典四仲中星之年代一文中，曾論及以現代天文學測定堯典星象的困難，我們對夏小正也可以舉一反三，作如是觀。要研究夏小正天文，起碼有幾個因素是很重要的：1.觀測的日期：夏代觀測與周初觀測所得不同，與春秋或漢初比較，當然更是相去甚遠。卽使是同一年代，同一月份，如果觀測的日期不同，所得的自然也不會一樣。2.觀測的時間：日期就算確定了，但觀測的時間相差一小時，所估之年代卽可差一千餘年。單就初昏的時刻而言，蔡邕以爲是日入後三刻、孔穎達以爲是日沒後二刻半、一行以爲是眞正黑暗之際、雷學淇、宋書升以爲是日入時、飯島忠夫不管任何季節一概定在下午七時，採取的時刻不同，結論自然不會一致。3.觀測之緯度：緯度與晝夜之長短、朦影之久暫均有密切之關係，對觀測影響極大。而夏小正的觀測地點，是在夏都所在的山西陽城呢？在杞國所在的河南杞縣或山東昌樂或山東安邱呢？還是在淮海地帶呢？誰也不曉得，這些地方的緯度由北緯三十三度至三十七度不等，觀測結果自然相去不可以道里計。4.觀測之星宿：觀測之日期、時間、地點卽使確立了，所觀測的星辰如無精密的指定，則年代仍無從估定，如五月「鞠則見」、八月「辰則伏」、九月「辰繫于日」，究竟是指那一顆星，異說紛紜，實在很難取捨。以上這些因素，由於夏小正記載十分簡略，可說都無法確定，再加上上述錯簡衍奪的現象，更嚴重地影響估定的正確性。所以我們對於夏小正的天象所代表的時代迄無定論，除非今後天文學有不可思議的突破，恐怕也很難有定論了。

參、夏小正之曆法

曆法是人類長時間的紀時系統，也就是對年月日時的一種安排方法。在農業社會，它尤其顯得特別重要。因爲一年四季寒來暑往的規律，對於農作物的培養、生長和收穫，具有決定性的作用，而曆法正是告訴人們這種規律的。其實，何止農耕如此，人類其他活動，如漁牧、狩獵、航行、營建、修繕，又何嘗不需要納入一定週期之中，以便事先妥做預備呢？曆法的制訂，與天文的觀測是息息相關的，可以說曆法就是長期觀察天象的產物，而曆法的發達，反過來也可促使天文學日益進步。尚書堯典云：「欽若昊天，曆象日月星辰，敬授人時。」將兩者的關係說得十分清楚，而觀象授時深受歷代帝王的重視，由此也可看出端倪。

今天，我們一方面使用格里曆，來配合全世界人類的活動，一方面仍根據「農民曆」來過傳統的中國式生活，兩者並行不悖，實在是很有意思的。從農民曆中，我們可以看到十分詳備的曆法，其鼻祖應該就是夏小正，那麼，在夏小正裏，我們能發現些什麼？它在曆法發展史上又居於何種地位呢？這應該是很值得探討的問題。

一、紀月法

夏小正依月紀事，其月份由正月、二月、三月……至十一月、十二月，除歲首外，概以數目爲序，有條不紊。此種紀月法與甲文（如殷契粹編八九六片：「癸丑卜貞，今歲受年，弘吉，才八月，隹王八祀。」）金文（如師晨鼎：「隹三年三月初吉甲戌。」）春秋（如桓公六年：「春正月，寔來。」）相類。既不似呂氏春秋十二月紀（如孟春紀：「孟春之月，日在營室。」）淮南子時則篇（如「孟春之月，招搖指寅。」）之以孟仲季配四時，也不像詩經（如采薇：「歲亦陽止。」鄭玄箋：「十月爲陽。」）楚辭（如離騷：「攝提貞於孟陬。」王逸注：「正月爲陬。」）國語（如越語下：「至於玄月。」韋昭注：「爾雅曰：『九月爲玄。』」）之另有特定的名稱，更不像逸周書周月篇（如「惟一月……斗柄建子。」）之含有「月建」的觀念，可說是最簡單不過的了，所以後代多採用這種紀月法，直至今日猶然。

歲首一月稱爲正月，在甲骨文已有其例，如殷虛書契前編卷一第十九頁、四十二頁、四十四頁、卷四第四頁皆是，然據董作賓云：「所有的前期武丁時的卜辭，全是『一月』，沒有一個是『正月』或『在正月』；帝乙、帝辛時的卜辭，全是『在正月』，沒有一個是『一月』，這我敢擔保是沒有例外的。」（殷曆中幾個重要問題）誠如其說，則夏小正經文之寫定，當不早於殷末了。

甲骨文及金文都有十三月，甚至十四月之詞，如：

貞𠬝十三月雨？（殷虛書契前編一卷四十五頁六片）

戊午卜曲貞，王𡧊大戊戠亡咎？在十四月。（甲骨續存上一四九二片）

隹十又三月既生霸丁卯。（𠬝尊。三代吉金文存十一卷卅六頁）

隹十又四月既死霸壬午。（下𧯧雝公諴鼎。考古圖二卷九頁。）

所謂十三月是閏月，十四月是年前失閏，在今年補閏。夏小正在這方面並無類似的記載，因而劉朝陽云：「現存之夏小正，對於區分大小月之原則以及加插閏月之方法，並未有所說明，令人無從捉摸。」（古書所見之殷前曆法）夏小正所載節候長年不爽，其有閏月加以調節自無疑義，唯其置閏，究係「歸餘於終」（左傳文公元年），抑或置閏於年中？是三年一閏，五年再閏，抑或十九年七閏？文獻不足，殊難考察。中國古代的曆法成就一文云：「在四分曆出現之前，為了在曆法中能反映出四季的變化，早已知道把昏旦一定星象的出沒和月份聯繫起來，夏小正、月令等書就有這樣的記載。一旦發現不符，就設置閏月來調整。昏旦中星的變化和北斗斗柄所指的方向成為置閏的標準。由於全憑肉眼觀察，判斷不容易準確，置閏也沒有一定的嚴格標準。只能隨時觀測，隨時置閏，這種方法從理論的角度來說，任何一個月都可置閏，但是由於觀測不精，大多在歲終置閏，這樣比較方便易行。」（明文版中國古代的科技）其言雖不中，也不致太遠。

二、紀日法

殷商時代可能已有大小月之區分，大月爲三十日，小月爲二十九日（詳見董作賓卜辭中所見之殷曆）。夏小正是否也是如此？若然，大小月又如何分配？經傳都未曾明言。不過二月經云：「丁亥萬用入學。」傳云：「丁亥者，吉日也。」則其時以干支記日實彰然甚明。干支之使用，由來甚早，春秋命歷序謂天皇氏「作干支以定日月之度。」呂氏春秋勿躬篇謂黃帝時「大撓作甲子」，固然都不足深信。起碼在殷商時已普遍使用應是毫無問題的。殷虛文字中只要是較完整的卜辭，幾乎都有干支，甚至還有三旬式和六旬式的干支表，簡直有一點像今日的月曆了。這種紀日法融合了十進位與十二進位兩種不同觀念的紀數方法，配合而成，可以說是一種相當進步的方法。陳遵嬀云：「有了系統的干支記日法，就會逐漸建立起系統的曆法；也就可累積起逐日無間斷的日期記錄，而這是得出朔望月與回歸年日數的基礎，有了無間斷的日期記錄，就可知月相盈虧變化周期約爲三十日，還可從而得出一個誤差小於一日的回歸年日數。根據這個日數，不難擬出一個簡單的曆法。」（中國天文學史第二編第五章第二節）其重要性由此可見一斑。甲骨文爲殷商遺物，歷經專家學者考證，灼然至明，而飯島忠夫支那古代史論一書深信漢人訓詁，竟疑及殷契、尚書中干支文字，謂非西元前十八世紀所當產生，未免失考，怪不得錢寶琮要責其「博學如飯島氏，何以愚妄至此！」（中國東漢以前時月日紀法之研

究）

以丁亥爲吉日，卽禮記曲禮：「內事以柔日，外事以剛日。」之意。在甲文中似無此種習慣，而金文中鑄器則的確喜用丁亥，據魯師實先統計，見於著錄的鐘、鎛、句鑃、鉦等，銘文有月日的共有廿三器，其中日次在丁亥者多達十七器，如：

虘鐘：「隹正月初吉丁亥，虘作寶鐘。」（三代吉金文存一卷十七頁）

其次句鑃：「隹正初吉丁亥，其次擇其吉金，鑄句鑃。」（三代吉金文存十八卷一頁）

公孫班鎛：「隹王正月辰在丁亥，□公孫班擇其吉金爲其龢鐘。」（夢郼草堂吉金圖上卷三頁）

金榜禮箋亦云：「如郊用辛，社用甲，禘于太廟日用丁亥之等，皆大事。」足見周代習俗確以丁亥爲吉日，此固足爲小正佐證，然似亦可反證小正之成書，當不早於周初。

此外，五月經云：「匽之興，五日翕，望乃伏。」傳云：「其不言生而稱興，何也？不知其生之時，故曰興。以其興也，故言『之興五日翕』也。望也者，月之望也。而伏云者，不知其死也，故謂之伏。五日也者，十五日也。翕也者，合也。伏也者，入而不見也。」宋書升云：「經何以不言十五日而言五日，古人紀日以旬也。說文冥云：『從日，從六，日數十，十六日而月始虧冥也。』彼用六，而不復用十，與此但稱五日，同皆誼之最古相爲證明者也。」（夏小正釋義）誠如其說，則夏小正可能還有以旬爲單位的紀日法，此在卜辭中其例屢見，如：

癸巳卜出貞，旬亡𡆥。（殷契粹編一四三〇片）

二旬㞢一日。（殷虛文字乙編一九六八片）

可謂源遠流長。至於經文五日到底是指五日以後，抑或卽十五日之省稱？傳文實在語焉不詳。如係十五日之省稱，當時是否有數字紀日法也是很有問題的，錢寶琮云：「此種紀法較三代紀日法爲簡明，然不知其始於何時，參考未周，不敢臆測。」（中國東漢以前時月日紀法之硏究）可見數字紀日法起源甚晚，當非夏小正所得用。

又，經文中提及朢字，傳文以「月之望也」釋之，在甲骨文中似乎尚未有以朔望紀日之例，尙書、金文中則朢字除用作專名及叚作忘之外，皆用作既朢字，如：

惟二月既望，越六日乙未。（尙書召誥）

才五月既望辛酉。（臣辰盉・三代吉金文存十四卷十二頁）

隹王元年六月既朢乙亥。（曶鼎・三代吉金文存四卷四十五頁）

其爲月滿專字無疑，在西周這個字是常用來紀日的。以此觀之，夏小正經文的寫定，也不當早於西周。不過，本段所據論的經文長達九字，不若他節簡質，而且五月記事凡十五，有關蟬者多達三次，未免詞費，所以雷學淇以爲此節八十字爲下文「唐蜩鳴」之傳文，玉燭寶典所引亦無此節，沈維鐘更云：「此三言與小正經文語氣不類，乃古人釋經之詞，其誤入經文，又在戴傳之先也。」（夏小正條考）至於傳文糾繚難解，若說有傳鈔錯誤之處，似乎也不無可能。所以此節經傳雖有探討的價值，結果也許只能付諸存疑。

三、紀時法

一日十二時辰以內的各個時間階段，卜辭中有許多專名，如：明、大采、大食、中日、昃、小食、小采、各（落）日、昏……（詳見殷虛卜辭綜述第七章第三節）。淮南子天文篇分一晝夜爲十五個時段，即：晨明、朏明、旦明、蚤食、晏食、隅中、正中、小還、餔時、大還、高舂、下舂、縣車、黃昏、定昏，尤爲細密。在夏小正中，我們能看到的只有旦、初昏二詞，而且都用以記載星象，如：

正月：「初昏參中。」

四月：「初昏南門正。」

七月：「斗柄縣在下則旦。」

八月：「參中則旦。」

當然這不能代表當時沒有比較詳細的時段區分，只是無從考察而已。昏旦的時間，各家看法頗爲參差，如蔡邕云：「日出前三刻爲旦，日入後三刻爲昏。」（月令章句）孔穎達云：「日出前三刻爲旦，日沒後二刻半爲昏。」（禮記月令正義）雷學淇云：「日入爲昏，日出爲旦。」（古經天象考卷五）對夏小正星象的推步及其時代的估定，自來異說紛紜，追究其因素實不勝枚舉，而昏旦時刻不能確定，無疑也是一個重要的關鍵。

四、節　氣

二十四節氣包含十二個節氣、十二個中氣，表示了一年中太陽在黃道上的位置。每個節氣、中氣相去約十五日左右，可以反映四季、氣溫、降雨、物候等方面的變化，是我國舊曆特有的重要組成部分。它的演變是經過相當長的一段時間，像在周易只提到「至日關閉。」（復卦）尚書始稱「日中」「日永」「宵中」「日短」（堯典）左傳始云：「分至啟閉。」（僖公五年）「二至二分。」（昭公二十一年）呂氏春秋十二月紀中，「日夜分」「日長至」「日短至」「立春」「立夏」「立秋」「立冬」「雨水」「小暑」「白露」「霜降」……更是往往散見，直至逸周書時訓解及淮南子天文篇始粲然大備。所以朱震云：「夏小正具十二月而無中氣，有候應而無日數，至於時訓。乃五日爲候，三候爲氣，六十日爲節，二書詳略雖異，其大要則同，豈時訓因小正而加詳歟？」（漢上易卦圖卷中）陳遵嬀也說：「我國在春秋時代已經知道二分二至；其餘的節氣，到秦漢之間，才告完備。」（中國古代天文學簡史第二章第一節）

夏小正正月首云：「啟蟄。」這就是二十四節氣中的驚蟄，左傳桓公五年也有「啟蟄而郊」的記載，到了漢世，始易成今名。王應麟云：「改啟爲驚，蓋避景帝諱。」（困學紀聞卷五）今考逸周書時訓篇、周月篇都已作驚蟄，不作啟蟄，如果不是王氏一時失察，那就是逸周書爲後人所追改了。此外，漢人又將驚蟄由正月中改爲二月節，孔穎達以爲始於劉歆三統曆（禮記月令正義），顧炎武則以爲始於編訢四分曆（日知錄卷三十四），以漢書律曆志引述之三統曆核之，當以顧說爲是。至於漢人改作節氣的緣故，金履祥云：「豈古陽氣特盛，啟蟄早歟？」（夏小正注）其實，呂氏春秋十二月紀、淮南子時則篇、禮記月令都分記蟄蟲在孟春「始振」、仲春「咸動」，漢人也許是受其影響，就蟄蟲出穴之盛者著眼，所以才與夏小正有異吧？無論如何，我們只能說夏小正的啟蟄是在紀物候，到了後世，才演變爲節氣的專名，它只能算是節氣的濫觴而已。對於此點，黃以周說得很好：「夏小正首言正月啟蟄，莊葆琛說義云……，如其說，啟蟄爲正月節氣名，自夏已然。以周却未敢信也。……必執後世七十二候之名一一求合於古，泥矣！必執後世二十四氣之名一一求徵於古，更拙矣！然而不能謂古無候名也，亦不得謂古無氣名也。」（儆季文鈔・答俞蔭甫先生書）

在二十四節氣中最重要的應數夏至與冬至，夏小正五月經云：「時有養日。」黃叔琳曰：「此卽月令所謂日長至。」（夏小正註）十二月經云：「時有養夜。」黃叔琳曰：「此卽月令所謂日短至也。」除了王聘珍大戴禮記解詁外，一般注家差不多都贊成這種說法。我們現在所看到的先秦典籍，幾乎找不到「夏至」、「冬至」之名。周易復卦稱二至爲「至」，孟子離婁下、禮記雜記稱爲「日至」，左傳稱爲「日南至」（單指冬至），呂氏春秋十二月紀稱爲「日長至」「日短至」，周禮秋官稱爲「夏日至」「冬日至」。夏小正「養日」「養夜」，若依傳文釋養爲長，當作羕之假借，則與日長至、日短至意義相類似，在道理上是講得通的，不妨視爲二至名稱之較古者。卜辭中雖有「至」字，是否可當二至解，迄今尚無定論。新城新藏則以爲春秋中期魯文公、宣公時始以土圭觀測日影以定多至和夏至（東漢以前中國天文學史大綱）。如果其說確實可靠，而春秋時代以前又不知二至，夏小正此二節又確實是記夏至、多至，那麼夏小正經文的寫定時代當不早於西元前七世紀。又，十一月「隕麋角」傳文曾提及「日多至」一詞，似可視爲古名過渡到今名的橋樑，不過，推測其時代可能要遲至戰國末年。

夏至太陽在黃經九十度，多至太陽在黃經二百七十度，理應相距半年，而夏小正却一在五月，一在十月，對於這個癥結，傳文的解釋是：「一則在本，一則在末。」洪震煊進而闡之云：「謂夏至或在五月初，或在五月終也。夏至者，日長之極也。然則多至在十一月亦應如之，一則在本，一則在末。假令多至在十一月末，則先多至三日，夜之長，固在十月末也。」（夏小正疏義）宋書升也說：「古歷皆用恆氣，夏時最早距多至前六十餘度，凡定氣多至較恆氣多至必早三日有餘。若值章首之歲，多至在十一月朔，則夜極長之限乃在十月晦前，或二日，或三日也。小正之記時也，多取最初始著者書之，故養夜記以十月也。」（夏小正釋義）除非王筠「時有養夜」爲十一月錯簡的說法（夏小正正義）能得到更有力的證明，否則只好暫時接受傳文及洪、宋二氏的解說了。

夏至、多至晝夜的長度，漢唐學者看法頗不一致，程鴻詔云：「長日者，日見之漏五十五刻，於四時最長也（鄭君尚書注）。或云五十六刻（蔡邕禮說），或云六十刻（馬融書注），或云六十五刻（高誘呂紀注、孔穎達書疏、賈公彥挈壺氏疏），各不同者，自長至漸長，日增刻數各據一月上中下旬言也（孫星衍尙書今古文疏）。」（夏小正集說）今日科學發達，我們曉得緯度的高下與晝夜的長短有密切之關係，赤道四季晝夜相等，而南北極則以六月爲晝，六月爲夜。單就我國而言，夏至、冬至晝夜的長短，也是因地而異的。如夏至那天，在廣東的汕頭，白天是十三小時三十分，在南京是十四小時十二分，在北平是十五小時，而在黑龍江省的璦琿，則長達十六小時十八分。冬至那天，在汕頭白天是十小時卅六分，南京是十小時，北平是九小時十六分，而在璦琿則只有八小時。由此可見，在夏季越是往北，白天越長，在冬季，越是往北，則白天越短。夏小正的觀測地點，到底是在夏都呢？在杞國呢？還是在淮海地區呢？如果不能確定，那麼，像漢唐學者那樣執著於漏刻的長短，也就毫無意義了。

二十四節氣在夏小正中可考者僅此三個而已，雖說夏小正並非完璧，但亦不致殘缺過甚，如果像晉書律歷志所言：「伏羲始作八卦，作三畫以象二十四氣。」衡以夏小正特重觀象授時的性質，我們照理應可看到更多有關節氣的資料才對，足見二十四節氣的形成當在戰國末年以後。另一方面，夏小正所載節氣較左傳、呂氏春秋、逸周書等爲少，名稱又頗古奧，似亦可證明其時代當不甚晚，飯島忠夫以爲夏小正爲西元前二百年之作（支那古曆法餘論），其時代反置於呂氏春秋十二月紀之後，未免失考。

五、季　節

今傳夏小正主要有大戴禮記本及傳崧卿夏小正戴氏傳本兩個系統，傳本在正月、四月、七月、十月之前分別有春、夏、秋、多四字，與大戴禮記本有別。傳氏自序云：「乃倣左氏春秋，列正文其前，而附以傳，月爲一篇，凡十有二篇，釐爲四卷。」傳氏顯然是受了左傳影響，又爲析全篇爲四卷，才在各卷之首加上季節之名。到了朱熹，將夏小正收入儀禮經傳通解，字句方面雖頗採傳本，而四季之名則刪去，可見朱熹當時依據的大戴禮記與我們今日所能看到最古的明嘉趣堂刻本一樣，都是沒有四季之名的。不特此也，我們在夏小正四百五十五個字的經文中，也看不到春夏秋多諸字。近世，郭沫若金文所無考、陳夢家殷虛卜辭綜述都主張西周時尙無四時之分，胡厚宣卜辭中所見之殷代農業、董作賓卜辭中所見之殷曆則主張殷商時已有春夏秋多，兩派斷斷相爭，不論其最後的結論如何，夏小正應該可以免於介入這個爭端。至於十一月「王狩」傳文有「多獵爲狩」，「隕麋角」傳文有「日多至陽氣至」，那時起碼已是戰國以後，早已有四季之名，當然更與此無涉了。

夏小正雖不見春夏秋多之名，但所載的物候、人事還是與四時相吻合的。如正月啟蟄、農率均田，二月往耰黍禪，榮芸，三月攝桑、妾子始蠶，不就是春生嗎？四月王萯莠，越有大旱，五月唐蜩鳴、煮梅，六月煮桃、鷹始摯，不就是夏長嗎？七月爽死、寒蟬鳴，八月剝瓜、栗零，九月陟玄鳥蟄、王始裘，不就是秋收嗎？十月豺祭獸、黑鳥浴，十一月陳筋革、隕麋角，十二月納卵蒜，虞人入梁，不就是冬藏嗎？這是因爲北方四季分明，寒來暑往頗有規律，長期觀察與紀錄的結果，自然不致過分離譜。知其名與知其實本來就不一定非有必然關係不可，更何況誰也不能說夏小正時代一定沒有四季之名。

六、歲

歲字在夏小正中見於經文者一，見於傳文者三：

正月經云：「初歲祭耒，始用暢也。」傳云：「暢也者，終歲之用祭也。」

又，鞠則見傳云：「鞠則見者，歲再見爾。」

四月初昏南門正傳云：「歲再見。」

都是當年歲解，正與爾雅釋天所云：「載，歲也。夏曰歲，商曰祀，周曰年，唐虞曰載。」相符。岑仲勉以爲爾雅之說其來有自，信不誣也（我國上古的天文歷數知識多導源於伊蘭）。今日我們看到祀字在甲骨文中確實用以紀年，直至周初金文猶有沿用者。而歲字雖亦屢見於甲文，如：

癸丑卜貞，今歲受年，弘吉，才八月，隹王八祀。（殷契粹編八九六片）

貞其于十歲迺出正。（金璋所藏甲骨卜辭五七一片）

像胡厚宣那樣主張「殷人以歲星之名爲年歲之稱。」（殷代年歲稱謂考）者固然不乏其人，然如董作賓以爲殷代無年歲之稱（卜辭中所見之殷曆）、陳夢家以家「以歲爲一年，當是較晚之事，它最初當是季。」（殷虛卜辭綜述第七章第二節）、島邦男以爲殷代時年歲尚未被使用以紀年（殷墟卜辭研究第二篇第七章）者尤繁有其徒。當然，殷代很可能尚無年歲之稱，或許如董作賓所云：「以歲紀年，相傳始於夏世，然商人已廢而不用，只以爲祭祀之名。」（卜辭中所見之殷曆）也說不定。無論如何，金文中如：

昔饉歲。（曶鼎，三代吉金文存四卷四十五頁）

萬歲用尙。（爲甫人盨，三代吉金文存十卷三十頁）

則確已用爲年歲字，而且此二器皆屬西周之物，然則夏小正中有歲字也就不足爲奇。

尙書堯典云：「期三百有六旬有六日。以閏月定四時成歲。」夏小正歲實若干？當時是否也像堯典那樣以閏月定四時成歲？經傳一概未曾明言。堯典過去一向相傳爲唐虞時之實錄，近世學者則頗疑其出於戰國之世（詳見屈萬里先生尙書釋義），其寫定時代也許還在夏小正之後，所以我們也就無法依時順推了。

七、夏　曆

史記夏本紀曰：「孔子正夏時，學者多傳夏小正。」朱震也說：「夏小正者，夏后氏之書，孔子得之於杞者也。夏建寅，故其書始於正月。」（漢上易卦圖卷中）可以說夏小正所使用的是一種較早期的夏曆，夏曆最主要的特點就是以孟春之月爲歲首，所謂寅正是也。這種曆法正如逸周書周月篇所云：「萬物春生夏長，秋收冬藏，天地之正，四時之極，不易之道，夏數得天，百王所同。」它與四時寒暑配合最爲妥適，人們耕作與生活都能作息有時。最適合農業社會的需要。宜乎對姬周文化特別嚮往的孔子仍不免要主要「行夏之時。」（論語衛靈公篇）也怪不得從漢武帝元封七年（西元前一〇四年）制訂太初曆，以建寅之月爲歲首之後，直至清末，大約二千年間，除王莽和魏明帝時一度改用殷正，唐武后和肅宗時一度改用周正外，一般都是使用夏正。再反觀先秦文獻，除夏小正外，如逸周書時訓解、周禮、楚辭、呂氏春秋十二月紀，乃至部分詩經（如豳風七月、小雅四月）也都採用夏曆。趙翼更從載籍裏歸納春秋時鄭、晉、齊、魯等國多用夏正，至戰國時更無有不用夏正者（見清儒學案卷八十一・春秋時列國多用夏正），由此可見夏曆勢力之大，影響之深，眞是無與倫比。

竹書紀年記載夏后氏禹元年「頒夏時於邦國。」夏曆爲夏代之曆，在過去一般人都是深信不疑的。而近世疑古、考古之風日熾，夏王朝是否存在，曾引起廣泛的論戰（詳見古史辨第七冊），連帶地，「夏正建寅，殷正建丑，周正建子」的三正論也引起激烈的爭辯（詳見黃沛榮周書周月篇著成的時代及有關三正問題的研究）。若董作賓以十月之交的日食證周正、以十二月庚申月食證殷正、以中康日食證夏正，仍然肯定傳統三正論的存在（中國歷史上三正問題之科學證明），而新城新藏則以爲三正循環之說，實爲戰國中期方始發生（東洋天文學史研究），至今迄無定論。不過，三正論縱屬晚出，夏曆的使用爲時甚早則無問題，連新城新藏也以爲自夏商以迄春秋所行曆法近夏正，春秋前期之曆法始近所謂殷正（東洋天文學史研究）。起碼，豳風七月：「七月流火，九月授衣。」「七月鳴蜩，八月載績。」「四月秀葽，五月鳴蜩，八月其穫，十月隕蘀。」……已是使用夏正，而七月之詩，其時代至少在西周中葉以前（毛詩序以爲周公作，方玉潤詩經原始以爲周公以前之古詩，梁啟超要籍解題推定爲夏代作品，屈萬里先生詩經釋義疑爲隨周公東征之豳人懷念鄉土而作者，劉大杰中國文學發展史斷爲西周中葉時代的社會詩）。所以，禮記禮運云：「孔子曰：『我欲觀夏道，是故之杞，而不足徵也，吾得夏時焉。』」鄭玄注：「得夏四時之書也，其書存者有小正。」夏小正成書的時代不晚於春秋，在道理上是可以講得通的。

曆法的演變是隨着時代而日趨精密的，漢書律歷志所傳古六曆今俱亡佚，夏小正所能窺見的曆法又屬吉光片羽，職是之故，夏小正的曆法與古六曆中的夏曆，乃至於漢之太初曆有何異同，我們還是無從考知。可以說，早期夏曆的眞象在今日仍屬霧裏看花，劉朝陽云：「漢太初歷雖仿夏歷，以孟春月爲一年之第一月，然就其內容而言，實爲完全嶄新之一種歷法，與當時所謂夏歷迥不相同，蓋若不然，正自不必耗費如許氣力，經過如許曲折矣。漢太初歷既與夏歷有所不同，則由漢太初歷以溯夏歷之捷徑，即不復能走通。」（古書所見之殷前歷法）這實在是無可奈何的事。

肆、夏小正之生物

地球所以能成爲最美麗的星球，除了有山川雲氣之外，最重要的是有無數的動物、植物徧布在每一個角落。這些芸芸衆生，與我們人類的關係，實在太密切了。它們是我們衣食住行之所需，怡情養性之所賴，可說不可須臾而離。因此，對於動、植物的觀察、分析、採集、利用，是從邃古以來就爲人們所重視的。夏小正一書中，紀錄了六、七十種生物的活動，這個數目與科學昌明的今日，專家學者所發現的數以百萬計的品種相較，誠然不啻滄海一粟。但我們必須知道：古代埃及人不過能分辨五十五種植物，聖經中僅僅記載六十種草木，詩經富於比興，也不過提到植物一四二種、動物一一三種，爾雅蒐輯淵博，也僅著錄草木三三〇種、鳥獸蟲魚三四〇種。所以夏小正所紀錄的，爲數雖少，以其爲上古遺籍，從今日生物學觀點而言，還是彌足珍貴的。惟研究古代生物，誠如陳文濤先秦自然學概論所言，具有三難：一、生物之品性無一定之標準也，二、生物之名稱無一定之標準也，三、生物之圖形無一定之標準也。夏小正文字古質，說者多歧，鑽研之困難更不言可喻。現在不自量力，一方面酌採昔賢先輩的說法，一方面根據現代生物學的知識，給夏小正中的每一種動、植物作一簡要的介紹，並附以圖片，庶幾讓它們以更具體的面貌與世人相見。這樣的工作，也許不是毫無意義的吧？

一、植物

㈠草

1.韭

正月：「初歲祭耒，始用暢也——……或曰：祭韭也。」

正月：「囿有見韭。」

韭，百合科，或列入石蒜科。多年生草本。基部有鱗莖。葉細長而扁平柔軟，叢生，長尺餘，常平伏地面。夏秋之際，葉間抽花軸，軸頂開小花成叢，花被六片，色白，或微有紅暈，繖形花序，花莖高達一尺左右。蒴果圓錐形，先端尖，內有無數黑色細種子。全體有一種臭氣。根莖花葉俱供食用。與薤同爲中國北方原產的重要葱屬植物，其他胡葱、大蒜、洋葱等則爲漢、唐以後陸續由外地輸入的。說文解字云：「韭，韭菜也，一種而久生者也。」王禎農書也說：「一歲可割十次。」其供食用，可生、可熟、可菹、可久，割取無時，爲利最溥。詩豳風七月云：「四之日其蚤，獻羔祭韭。」禮記王制云：「庶人春薦韭。」夏小正也提到「祭韭」，足見在古時它是相當珍貴的蔬菜，怪不得李時珍本草綱目要將它列爲五蔬之首。邵晉涵云：「春初百彙未昌，唯韭先見於囿，故薦時食者有取焉。」（

爾雅正義）沈維鍾云：「韭非正月始有，言『有見韭』者，謂韭芽可食焉。」（夏小正條考）

2芸

正月：「采芸。」

二月：「榮芸。」

芸，又名芸香、芸蒿、七里香。芸香科。多年生草本。莖高約三尺。葉爲二至三回羽狀複葉，缺托葉，互生，有芳香，各小葉倒卵形，全緣。莖葉均含油腺，現出透明小點，仲春作黃花，季夏後作白花，至季秋始歇，花兩性，排成繖形花序。花瓣與萼皆四片或五片。蒴果呈小球形。全草可供觀賞、入藥、驅蟲或充作香味料。月令仲冬：「芸始生」，夏小正正月「采芸」、二月「榮芸」，程瑤田曾蒔芸於盆盎，目驗經年，無不脗合，詳見釋草小記。該文對芸之性狀變化也有詳細的紀錄。本草綱目將芸混入山礬條內，王象晉群芳譜且冒以山礬之名。竟忘其爲草本，都是錯誤的，觀程氏小記自可不爲所惑。呂氏春秋本味篇謂伊尹說湯，菜之美者有陽華之芸，王嘉云：「常以三蔬（芸之色紫者爲上蔬，色黃者爲中蔬，色青者爲下蔬）充御膳，其葉可以藉飲食，以供宗廟祭祀，亦以止渴飢。」（拾遺記卷九）黃叔琳也說：「廟采當爲祭祀時所采，能使常芬，且避蟲目。」（夏小正註）可見夏小正正月傳文所云：「爲廟采也。」是不錯的，只是後世它正如荇、荼、苕、莜之類，已退出蔬菜的領域了。榮芸是說芸香開花，爾雅釋草云：「木謂之華，草謂之榮。」又說：「權，黃華。」那也是芸的一種。

3.緹縞

正月：「緹縞。」

縞，傳文云：「莎隨也」，卽莎草。莎草科。生原野沙地，多年生草本。地下具細長之根莖，地上莖高尺餘。葉狹長，質硬，排成三縱列。夏日，莖梢分歧開小穗狀花，苞長，小穗有銳尖頭，花赤褐色。地下之塊根稱香附子，供藥用。爾雅釋草：「薃，侯莎，其實媞。」卽此，說文解字云：「莎，鎬侯也。」乃許愼誤讀爾雅，徐鍇繫傳已指明其訛。又爾雅釋草所云：「臺，夫須。」也是莎草，陸璣因此云：「舊說夫須，莎草也，可以爲蓑笠。」（毛詩草木鳥獸蟲魚疏）郝懿行也說：「莎有二種：一種細莖直上，一種矗而短，莖端復出數莖，葉俱如韭葉而細，莖有三稜，實在莖端，其色赤緹，故曰緹矣！」（爾雅義疏）

4.黍

二月：「往耰黍，禪。」

五月：「種黍菽糜。」

黍，禾本科。一年生草本，高四、五尺，葉螺旋狀著生，葉片呈狹披針形，有平行脈，尖端銳，葉身及葉鞘皆有粗毛，其舌狀片則生長軟毛。夏秋之際，於莖頂抽多數密簇而糙澀之圓錐花序，其小穗卵圓形，各具一花，有短梗。果實球形，淡黃色。于景讓云：「黍是中國很古老的農作物之一。最近發掘山西省萬泉縣荊村新石器時代的遺址，發見有很多燒焦的黍穗。甲骨文有黍字，作，象散穗的黍的形態。書經盤庚有語曰：『不服田畝，越其罔有黍稷。』故中國植黍的歷史，當可推至殷代以前。詩經中黍字屢出，周禮職方在九州中舉示有黍者共七州，可見其栽培甚爲普遍。」（黍稷粟粱與高粱）耿煊也說：「黍的生長期短促，故最適宜於行蹤不定的游牧民族所栽培。此外，該植物能耐旱，穀粒的營養價值高（除醣類而外，蛋白質可達一○%，脂肪約四%），所以在詩經時代成爲最主要的食糧，似非偶然的事。」（詩經中的經濟植物）黍稷常並稱，李時珍以爲「稷與黍一類二種也。黏者爲黍，不黏者爲稷。」（本草綱目）程瑤田九穀考旁徵博引，力闢其非，主張應依據說文，以黍之不黏者曰穈，穈亦稱穄，其說可謂撥雲霧而見青天。「往耰黍，襌」，是說農夫到田裡覆種禾黍，因天氣暖和，又在勞動，只穿着單衣。或疑二月非種黍之時，孔廣森云：「此早黍也，二月種，五月熟，或謂之蟬鳴黍，管子曰：『日至百日，黍秫之始也。』」（大戴禮記補注）胡厚宣也說：「由前引（前四，三○，二）辭言『貞叀小臣令衆黍，一月。』（前四，五三，四）辭言『乙未卜，貞黍才（在）龍囿啓受㞢（有）年，二月。』知殷人種黍恆在一、二月。」（卜辭中所見之殷代農業）可見夏小正所言是有根據的。

5.堇

二月：「榮堇。」

堇，又名堇菜或堇堇菜，堇菜科。多年生草本。莖纖弱，匍匐地上。葉圓心臟形，有鈍鋸齒，葉柄長，有托葉，不分裂。春末開花，花小，五瓣，色白，略帶青紫色，花瓣不整齊，其中一瓣生短距。

果實爲蒴果，長橢圓形。夏小正所言的堇，與詩經大雅緜篇「堇荼如飴」的堇相同，即爾雅釋草所謂的「齧，苦堇」，而不是說文的「藋，堇艸也。」（藋即蒴藋。）或國語晉語：「置堇於肉」的堇（詩疏引賈逵注：「堇，烏頭也。」），三物同名異實，不可不辨。堇味雖苦，瀹之則甘，古人以其黏汁做羹，使羹液滑美，其作用正如今日在湯菜中加澱粉一般，可以用來調和飲食。儀禮公食大夫禮云：「鉶芼有滑。」鄭玄注：「堇荁之屬。」禮記內則云：「堇荁枌榆免薨滫瀡以滑之。」鄭玄注：「冬用堇，夏用荁。」

6. 蘩

二月：「采蘩。」

蘩，傳文以由胡、繁母、萬勃三個異名釋之，即白蒿。菊科。多年生草本。莖高達七、八尺，通常單一。下部之葉具長葉柄，葉身爲二回轉羽狀樣之複葉，背生白毛。秋日，開多數小頭狀花，排列成稀疏之長總狀花序。本草綱目謂白蒿有水陸二種，爾雅通謂之蘩。曰「蘩，皤蒿」者，即今陸生艾蒿也，辛薰不美；曰「蘩，由胡」者，即今水生蔞蒿也，辛香而美；曰「蘩之醜，秋爲蒿」，兼指水陸二種；曰「蘋」曰「蕭」曰「萩」，皆老蒿之通名。可見蘩之種類極多，夏小正所言僅是其中一種。陸璣云：「春始生，及秋香美，可生食，又可蒸。」（毛詩草木鳥獸蟲魚疏）此物古時可以爲菹，所以傳文以「豆實」釋之，今則淪爲救荒植物，又入藥，可利膈開胃，葉可爲艾之代用品。

7. 識

三月：「采識。」

爾雅釋草：「蘵，黃蒢。」顏之推云：「江南別有苦菜，葉似酸漿，其花或紫或白，子大如珠，熟時或赤或黑，此菜可以釋勞。案郭璞注爾雅：此乃『蘵，黃蒢』也，今河北謂之龍葵。」（顏氏家訓書證篇）龍葵，又有苦葵、苦菜、天茄子等名。茄科。一年生草本。有毒，生原野，高二、三尺。葉卵形。夏季，梢葉中間抽出花莖，花小，白色，花冠合瓣五裂，繖形花序。花後結實，爲漿果，形圓，色黑。根莖葉皆供藥用。另有苦蘵，似酸漿而較小，苗葉與龍葵一樣，本草蘇恭以爲卽龍葵，李時珍則以爲：「龍葵、酸漿，一種二類；酸漿、苦蘵，一種二物。」苦蘵，亦屬茄科。一年生草本。高約一尺餘。葉卵形，邊緣有粗鋸齒，具長葉柄。初夏開花，花小，淡綠黃色，花冠合瓣，五裂，內有雄蕊五枚，葯帶紫色，著生於花冠上。果實爲漿果，小而多，色綠黃，熟則變紅，包藏於有稜角之綠色宿存萼內。夏小正所言之識，究係龍葵抑或苦蘵，傳文僅云「草也」，過分簡略，不易確定。沈維鍾云：「郝氏懿行謂京師人以之充茗飲，此古人所以采之歟？」（夏小正條考）

8. 麥

三月：「祈麥實。」

九月：「榮鞠樹麥。」

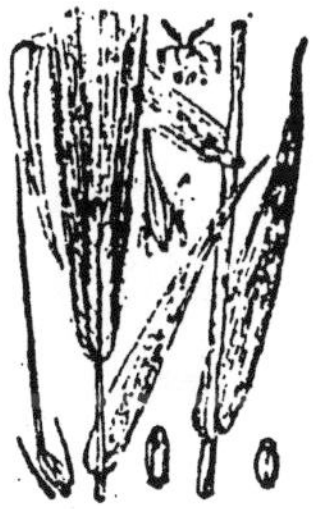

麥

龍葵

苦蘵

麥，禾本科。越年生或一年生草本。有小麥、大麥等種類，詩周頌思文：「貽我來牟。」朱熹等注家多沿襲廣雅之說，以爲來指小麥，牟指大麥。于景讓栽培植物考則以爲中國古籍中的麥字是指大麥而言，小麥係公元一世紀（或至早公元前三世紀左右）方由蒙古輸入。大麥，高約三、四尺。莖中空，有明顯之節。葉披針形，有平行脈，下部成鞘狀，包於莖上。初夏開花，穗狀花序，花有內外二穀，互相緊抱，通常尖端有長芒。穎果六列相並。種子可炊飯煮粥，麥芽爲麥酒之原料，又可製飴糖，其莖俗稱麥莛，可作夏帽、玩具及充造紙原料，全草又爲良好之飼料。甲骨文中屢言弄麥、告麥、食麥，然麥在先秦較爲稀貴，並非一般人可以常食之物，其原因大概如何炳棣所說的：「若無灌溉設施，華北種小麥是不適宜的。……戰國期間典籍，每言民食，往往並舉粟菽，而不言稻麥。」（黃土與中國農業的起源）稻麥成爲我國民間的主要糧食，可能爲時較晚。麥在五穀中最早成熟，三月怕有小旱，所以人們祈禱麥早日結實。麥通常是秋天播種厚埋，所以九月記載「樹麥」。

9.王萯

四月：「王萯秀。」

呂氏春秋孟夏紀：「王菩生。」禮記月令作「王瓜生。」有許多注家以爲此與夏小正所言必有關係，如金履祥夏小正注說王萯就是王瓜，姚燮夏小正求是說就是王菩，黃以周經說略以爲三者同爲一物。王瓜，葫蘆科。多年生蔓草，以卷鬚攀緣他物上。葉互生，有柄，掌狀淺裂，多毛茸。夏月開花，色白，花冠下部爲筒狀，上部五裂，其周緣細裂如絲，單性，雌雄異株。實橢圓，大如鴨卵，熟時色紅。根與嫩芽可爲蔬，根又可入藥，取澱粉，果實亦可食。當然，他們的說法有些人（如蔡德晉、段玉裁、宋書升等）並不贊同。莊述祖夏小正經傳考釋更主張王萯秀卽詩經的「四月秀萯」，王念孫廣

雅疏證則以爲卽爾雅、廣雅的栝樓，顧鳳藻夏小正經傳集解以爲卽管子地員的大蕢，眞可說是聚訟紛紜，自古難決。王蕢秀是說王蕢開花結實，姚燮云：「小正秀字之例有二：記云某草秀者，指榮而實者言之，如『王蕢秀』、『荓秀』是也；記云秀某草者，指榮而不實者言之，如『秀幽』、『秀雚葦』是也。」（夏小正求是）

10.幽

四月：「秀幽。」

自張爾岐夏小正傳注以降，說者多以爲秀幽卽詩豳風七月：「四月秀葽」，幽葽因聲近而通用，唯葽之爲物，說法不一。爾雅釋草：「葽繞，棘蒬。」郭璞注：「今遠志也。」孔廣森大戴禮記補注以爲幽卽此物。遠志，一名小草。遠志科。常綠草本，高七、八寸。莖細，多倒伏地上。葉卵形或橢圓形，互生。夏日，梢上開紫色不整齊之蛾形花，花數稀少。根黃色，長一尺許，供藥用。然葽繞兩字爲名，與葽是否同爲一物，實在不無疑問。說文解字也有葽字，許愼的解釋只說「艸也」，徐鍇繫傳以爲卽狗尾草，小正注家也頗有從之者（如姚燮、宋書升）。狗尾草，一名莠。禾本科，一年生草本。高一、二尺，稈直立，分生小枝。葉細長，下部成鞘狀，包裹於莖。莖葉穗均似粟而小，有芒，綠色，結實形似稗，可食。穗形似狗尾，故名。莖葉可爲牧草，莖古時可爲眼病上施手術之用。夏緯瑛云：「在夏曆四月間確有開始抽穗而秀者，我在北京已有目驗。」（夏小正經文校釋）然程瑤田則云：「莠於夏至前後始作采，小暑、大暑之間乃其正秀之時，是秀於六月，非秀於四月也。」（九穀考）所以幽究係遠志或狗尾草，可說迄無定論。

11.瓜

五月：「乃瓜。」

八月：「剝瓜。」

瓜的種類不勝枚舉，如黃瓜、西瓜、南瓜、番瓜等，多係南北朝後始陸續從外地輸入的，中土原產者爲數不多。李時珍云：「削瓜及瓜祭，皆指果瓜也。」（本草綱目）果瓜卽甜瓜，又名香瓜。葫蘆科。一年生蔓生草本。全株散生刺毛。莖細長，具卷鬚，葉互生，有長葉柄，葉身圓卵形或近腎臟形，邊緣有波狀齒。花單性，腋生，雌雄同株，花冠五裂，黃色。果實爲瓠果，形狀、色澤有種種，可食用。夏小正所言的瓜可能也是此種。五月開始食瓜，故云：「乃瓜」；八月將瓜完全採收淹漬，故云：「剝瓜」。

12藍蓼

五月：「啟灌藍蓼。」

我國古代染色用的染料，大多是天然礦物或植物染料。青、赤、黃、白、黑五種「原色」各有不同的染料，其中青色主要是使用從藍草中提煉的靛藍（屬於還原氧化染料）染成的。本草綱目謂藍凡五種：一、蓼藍，二、菘藍，三、馬藍，四、吳藍，五、木藍，都可做染料，蓼藍卽夏小正的藍蓼。蓼科。一年生草本。莖高二、三尺。葉互生，葉柄基部成鞘狀，包圍於莖，葉身長圓形，或卵形，有毛緣。十月頃，抽花莖，開紅色五瓣小花，排列爲穗狀花序。果實三稜形瘦果，褚褐色，有光澤。啟灌，注家多依傳文引申，如「灌謂叢生也，言開闢此叢生藍蓼，分移使之稀散。」（禮記月令正義引熊安生說）「先蒔苗於畦，五月分種之，至夏末乃成。」（宋書升夏小正釋義）唯沈瓞民依據目驗，以爲「傳之說是望文生義。啟灌係二事：啟者，啟窖取藍而種之也；灌者，藍已製青，灌以水，取之以爲染料也。」（讀呂紀隨筆）其說新穎，可備一說。

13. 菽

五月：「種黍菽糜。」

五月：「菽糜。」

菽糜，宜從孔廣森大戴禮記補注、洪震煊夏小正疏義，作「以菽爲糜」解。糜，王聘珍大戴禮記解詁以爲當作穈，朱駿聲夏小正補傳以爲當作糜，都是不對的。菽，說文作尗，卽爾雅之「戎叔謂之荏菽」，今之大豆，俗稱黃豆。豆科。一年生含木質之草本。高二尺餘，莖直立，全株密布褐色粗毛。葉互生，具長葉柄，葉身爲三小葉合成之羽狀複葉，小葉橢圓形，或廣卵形，葉緣全邊。夏日，由葉腋出數個白色或紫色小蝶形花。果實莢豆，具粗毛，長寸餘，熟則開裂。內有種子二至四枚，富於脂肪、醣及蛋白質，營養豐富，爲豆類中之冠。可榨油，造醬及醬油等，又可作豆腐等食品。其苗葉嫩者供蔬用，老者充作飼料。能在不同之氣候與土壤中生長，亦有抗旱之能力。爲我國原產，產量居世界第一位，從古卽爲最重要之糧食及蔬菜。

14.蘭

五月：「蓄蘭。」

蘭草

澤蘭

蘭爲有名之香草，種類極多。古時所謂蘭，大概多指蘭草或澤蘭。蘭草，即詩經之蕑，說文之蘔。菊科。多年生草本，莖高三、四尺。葉對生，葉面滑澤，葉身在莖上部者單一，廣披針形，或長橢圓形，下部者通常爲三深裂，葉緣有粗鋸齒。莖葉皆帶紫紅色，且具有頗强之香氣。秋日，於莖頂密生頭狀花，排列爲繖房花序。頭狀花之總苞成數列，小花全部爲管狀花，淡紫色。澤蘭，蘭科。多年生草本。產山中濕地。地下有鱗莖，爲小球狀。葉祇一片，披針形，基脚擁抱莖上。夏日，葉間抽花軸，高五、六寸，頂端綴一花，紅紫色，爲比較的大形之不整齊花。本草綱目亦有澤蘭，與此蓋同名異實。蘭除觀賞外，可煮湯供浴，所以傳文云：「爲沐浴也。」又可和油澤頭，袚除毒氣，及供藥用。

15.萑

七月：「秀萑葦。」

萑葦之類見於爾雅、說文者凡十餘名，世人多混淆不清，程瑤田釋草小記曾詳加區畫，可以參閱。萑，說文作　，俗省作萑，即荻。初生時有菼、薍、薕、蒹等名，堅成後別名爲萑。故傳文云：「未秀則不爲萑葦，秀然後爲萑葦。」禾本科。多年生草本，生水邊及原野，由地下之匍匐莖按節抽莖，高可達六、七尺。葉細長。秋日，於莖頂出圓錐狀大花穗，直而鋪散，開多數小穎花。莖可編簾，又爲治魚罧𥰭之用，又可爲薪。其萌（荻芽）可食，又爲飼料。

16. 葦

七月：「秀雚葦。」

葦，一名葭，卽蘆。禾本科。爲多年生大草本，多生濕地或淺水中，根莖橫走地下，延伸甚遠。稈高可達丈許，質硬，中空，外面光滑而被白粉。葉之下部包裹于莖成葉鞘，上部葉身爲頗長之披針形，邊緣粗糙而尖端尖銳。秋日，莖頂抽大花穗，開多數呈鼠色之穎花，有殼，排列爲圓錐花序。花後結實，有白毛，以助其散佈。莖供葺屋及製簾、織蓆、編簍、作罧之用，又爲柴草、紮綵用料，萌芽似竹筍而小，可食，俗稱蘆筍。

夏小正四月：「取荼。」七月：「灌荼。」依傳文的解釋，荼是「雚葦之秀」，取荼、灌（聚）荼的目的是「以爲君薦蔣（席）也。」其作用正如今日之棉花。但徐世溥夏小正解、任兆麟夏小正補注以爲荼是茶，金履祥夏小正注、范家相夏小正輯注以爲是苦荼，張爾岐夏小正傳注、孔廣森大戴禮記補注以爲是茅秀，可說迄無定論。

17. 苹（萍）

七月：「湟潦生苹。」

說文解字：「苹，蓱也，無根浮水而生者。」苹卽萍，一名水萍、浮萍。浮萍科。生水中。多年生小草本。浮水田、池沼等之水面。葉體扁平，倒卵形，上面綠色，下面帶紫赤色。根爲無枝之纖維，叢生於葉狀體下面。夏日，開小白花。爾雅釋草：「苹，萍，其大者蘋。」可見萍蘋有別。爾雅另有

「苹，蘋蕭。」卽詩經「呦呦鹿鳴，食野之苹」的苹，與此同名異實。「湟潦生苹」是說七月多雨，潢池裡長蘋。

鐵掃帚

蓬

18. 苹

七月：「苹秀。」

此苹與上文之苹也是同名異實。傳文以「馬帚」解之，卽爾雅釋草：「荓，馬帚。」郝懿行義疏云：「此草叢生，葉小圓，莖紫赤，竦直而瘦勁。野人以爲掃帚，極耐久。有高五、六尺者，故曰馬帚。」大概就是今之鐵掃帚，屬於豆科。多年生草本，生山野，高二、三尺。葉互生，掌狀複葉，小葉三片，狹倒卵形。夏日開花，花冠蝶形，白色，有紫線條，花梗短。果實爲短莢。程瑤田釋草小記則以爲苹就是蓬，北人呼爲掃帚菜，宋書升、沈維鍾都認爲程說爲長。蓬，又名飛蓬。菊科。多年生草本。莖高三、四尺。下部之葉具葉柄，葉身倒披針形而兩端尖，葉緣微齒牙形。上部之葉無葉柄，葉身成線形而全緣，頗似柳葉。秋期，於莖頂出多數頭狀花，共排列爲圓錐花序。花後結瘦果，具冠毛，赤褐色，有光澤。種子可濟荒。

18. 鞠

九月：「榮鞠樹麥。」

鞠，說文作蘜，云：「日精也，以秋華。」或叚作鞠，今作菊。與爾雅之「蘜，治蘠」不同。菊科。多年生草本。莖下部稍帶木質，葉卵形，有缺刻及鋸齒，柄長，互生。秋末開花，頭狀花序，周圍之花，舌狀花冠，中部之花，筒狀花冠。苗可以爲蔬，花可觀賞、入藥、釀飲。種類甚夥，如劉蒙菊譜、史正志菊譜、范成大范村菊譜所列都在二、三十種以上。宋書升云：「古之菊與今之洋菊不同，其形小，純作黃花。……今之金錢菊，即古之眞菊矣。」（夏小正釋義）

20.卵蒜

十二月：「納卵蒜。」

說文：「蒜，葷菜也。」蒜有大小之別，與薤、葱等同屬葷辛類的蔬菜，在我國古代蔬菜中自成一屬。大蒜是漢時才自西域引入的，又名葫，或胡蒜。洪震煊夏小正疏義主張此節所言爲大蒜，實爲失考。卵蒜卽小蒜，其野生者就是爾雅的「蒚，山蒜。」百合科。多年生草本。高一、二尺。臭味似葱。地下有鱗莖，白色，大如棗。葉細長而尖，有平行脈，微有稜。夏日，葉間抽莖，莖頂生黑紫色之珠芽，並開小花，色白，或淡紫。花被六片，雄蕊六枚，花絲細長而突出，有長花梗，排列如繖形。莖及鱗莖皆供食用。「納卵蒜」傳文解爲將卵蒜輸納給國君，其根如卵，所以叫卵蒜。由於其他古書並無類似紀錄，金履祥夏小正注以爲內當作收藏解，黃叔琳夏小正註疑卵與蒜爲二種，臧琳經義雜記疑當爲納韭卵，莊述祖夏小正經傳考釋改作納民䇊（統計人民的數目向國君報告），異說不少。

(二)木

1.柳

正月：「柳稊。」

柳，楊柳科。落葉喬木。高達三、四丈，具特長而下垂之枝。葉互生，線狀披針形，先端尖，邊緣具細鋸齒。春日開花，呈暗紫色，花單性，雌雄異株。穗狀花序，雄花具二雄蕊，雌花具一雌蕊。果實爲蒴果，種子甚小，具白色絨毛，謂之絮。柳插條卽活，栽培徧於全國。多栽植庭園、水濱，供觀賞用，或爲道路樹。其材可爲器具、薪炭。嫩芽可採作飲料。嫩枝可編筐筥。爾雅釋木：「檉，河柳；旄，澤柳；楊，蒲柳。」可見柳之種類極多。柳稊，是說柳樹解皮萌芽。

2 梅

正月：「梅、杏、杝桃則華。」

五月：「煮梅。」

梅，本作某，或楳。薔薇科。落葉喬木。高達二、三丈。樹皮灰色或帶綠色，小枝細長，綠色。葉柄短，葉廣橢圓形，先端尖，葉緣有鋸齒。早春，先葉開花，蕚紫絳色或綠色，花冠五瓣，色有白、紅、淡紅之別，香氣甚濃。花後結核果，初青色，成熟後黃色。自古爲有名之觀賞植物，各部多可入藥。果實酸，可用以調味，或曬乾、糖漬供食用。木材色紅而堅密，可爲櫛及算珠之用。詩召南「摽有梅」的梅與此相同，秦風終南「有條有梅」的梅則爲楠樹，與此同名異實。華是樹木開花的意思。

3 杏

正月：「梅、杏、杝桃則華。」

四月：「囿有見杏。」

杏，爲溫帶主要果樹之一。薔薇科。落葉喬木，幹高丈餘。葉廣橢圓形，或卵圓形，先端尖，有

柄，邊緣有鋸齒。春月，次於梅而開花，五瓣，色白，帶紅，似梅花而稍大。果實爲核果，圓形，熟則色黃，肉部易與核分離，味淡甘而微酸。種子名杏仁，形扁而尖，有一種特別之香味，可炒食，又供藥用。杏，或謂係我國原產，公元前一、二世紀方經絲路傳入西亞；或謂係西亞原產，約在公元前後輸入我國。詩經雖無杏字，然夏小正已提到此物，當以前說爲是。梅與杏在分類學上十分接近，其顯著之差異在於：梅之果核上有凹點，而杏之果核表面平滑。

4. 杝桃

正月：「梅、杏、杝桃則華。」

六月：「煮桃。」

杝桃，傳文解爲山桃。傅崧卿夏小正戴氏傳以爲杝當作榹，爾雅釋木云：「榹桃，山桃。」大概就是現在的山毛桃。薔薇科。喬木。高約三丈，枝直立，甚細，嫩枝無毛。葉狹長，卵狀披針形，綠色有光澤，平滑無毛，葉緣有細銳鋸齒，葉柄細長。花單生，粉紅色，有花梗，萼片卵形，無毛。果實球形，帶黃色，先端凹入，核小離核性。性耐乾燥寒冷，今多供桃樹接木用。沈維鍾云：「山桃與園桃顯別，園桃三月始華，交秋熟，山桃與梅杏同華，五月即熟。熟時不解核，瓤與汁皆色赤如胭脂，今五月間遍滿吳市者是也。」（夏小正條考）

5. 桑

三月：「攝桑。」

桑，桑科。落葉喬木，高可達四、五丈，以每歲採折，故莖幹矮小，多呈灌木狀。樹皮黃褐色。葉卵形，互生，有鋸齒，端尖，或分裂，或不分裂。表面平滑，背面側脈上常有短毛，葉柄甚長。春末開花，花小，色淡黃，穗狀花序，單性，雌雄異株，亦有同株者。果實長橢圓形，謂之桑葚，熟則紫黑色，味甘可食。木材可製什器，內皮纖維可造紙，根皮可入藥，葉又爲蠶之飼料，故種植者甚多。由於我國飼蠶繅絲的歷史甚爲久遠，桑當爲栽培最早的樹木之一，在詩經中提到桑樹的多達二十首。攝桑之攝，王廷相夏小正集解、徐世溥夏小正解以動詞解之，然而三月並非採桑之時，其說非是。莊述祖云：「言桑葉始生未舒展貌，聶、攝古通。」（夏小正經傳考釋）以形容詞釋之，較爲合理。今人鄒景衡進一步云：「攝通於鑷，攝桑謂桑葉初綻，形如鑷子。桑葉開展如鑷，爲蠶種催青之適當時期，因時不我待，故傳曰『急桑』。鑷通於籋。說文稱燕口爲『籋口』，故可反證桑展如鑷，應可謂爲桑展如燕口。今日本猶以桑展如燕口之時，作爲『始蠶』（催青）之日。」（夏小正攝桑考）其說後出轉精，堪爲定論。

6.楊

三月：「委楊。」

爾雅、說文皆以楊爲蒲柳，崔豹古今注：「水楊卽蒲柳，亦曰蒲楊。」古人所言之楊多指水楊，楊柳科。爲自生水邊之落葉喬木，但通常皆作灌木狀。葉爲長橢圓形而稍厚，先端尖銳，緣邊有微細之淺鋸齒，葉身生毛，背面灰白色。早春先葉開花，花小，單性，雌雄異株。雄花穗之蕾，密生柔滑絹絲狀之白毛。楊與柳極相似，皆插枝卽活，繁殖迅速，功用亦相近，蓋一類二種，故常並稱楊柳。本草云：「楊枝硬而揚起，故謂之楊；柳枝弱而垂流，故謂之柳。」分別最爲簡要。委楊是說楊樹委隨，傳文云：「楊則苑而後記之。」苑字就是言其茂盛的樣子。

7. 桐

三月：「拂桐芭。」

桐，玄參科。落葉喬木，高三丈許。葉大而對生，有長葉柄，葉身廣卵形，先端尖，基腳心臟形，葉緣全邊。春日，枝端開多數白色花，裏面具紫色斑點，排列爲複總狀花序。花冠下部具長筒，上部爲稍不整齊之五裂。花後結蒴果，具多數形小而扁薄之種子，有翅。木材可進琴瑟及各種樂器，又供箱篋几案等家具之用。梧與桐今人常混言，其實爾雅、說文都分開解釋，沈維鍾云：「蓋二木皆濃陰直幹，葉形亦無異，惟皮色不同。據齊民要術所載，則青皮而光滑者名曰梧，今人每植之庭院中。四月初開小黃花，花罷結莢，至秋莢裂如小瓢，瓢之兩緣各綴生子，卽桐乳是也。其白皮者名曰桐，多生于山岡。其材可中樂器，花色紫黃，但有花而不結實，故名曰榮，此桐與梧之別也。」（夏小正條考）區分尤爲明細。拂桐芭，是說桐花怒放拂動。

8. 棗

八月：「剝棗。」

棗，鼠李科。落葉喬木，高二丈餘。枝上具刺。葉互生，長橢圓卵形，或披針卵形，葉面光澤，

具三個弓形脈，邊緣有鈍鋸齒。初夏，於葉腋叢生小花，黃綠色，五瓣，微有香氣。果實核果，紅色，圓形或橢圓形，內有尖核一枚。棗爲我國原產植物之一，繁殖甚易，栽培甚廣。木材可作器具，果實味美，可生食，或曬乾、蜜炙後貯藏。周禮以棗爲饋食之籩實，曲禮又以爲婦贄。棗之品種甚多，爾雅釋木云：「棗，壺棗；邊，要棗；櫅，白棗；樲，酸棗；楊徹，齊棗；遵，羊棗；洗，大棗；煮，填棗；蹶泄，苦棗；皙，無實棗；還味，棯棗。」記錄了十一個品種，元柳貫打棗譜記錄七十二種，清吳其濬植物名實圖考記錄了八十七種，今日園藝品種更在三、四百種以上。剝棗，是扑擊採取棗子。

9.栗

八月：「栗零。」

栗，殼斗科，或列入山毛櫸科。落葉喬木，高達五丈許。分枝甚多，小枝具粗長毛。葉互生，披針形，邊緣有尖銳鋸齒。夏期，開單性小花，黃白色，雌雄同株。小蕊花爲長葇荑花序，大蕊花則三個集生，包以有針狀芒刺之總苞。果實堅果，有囊狀殼斗，全面生刺，如蝟毛，內含果實二、三枚，熟則殼斗裂開，種子供食用。木材供建築、器物之用，樹皮可充鞣皮及染料之需，葉可飼柞蠶。栽培區域甚廣，戰國策燕策云：「北有棗、栗之利，民雖不由田作，棗、栗之實，足食於民。」其重要性可知。栗零謂栗子已經成熟，甚至有自落地上的，可以採收了。

二、動　物

(一)鳥

1 鳫

正月：「鳫北鄉。」

九月：「遰鴻鳫。」

說文：「鳫，鵝也。」又：「雁，鳥也。」二字本有區別，然後世多混用。雁，禹貢謂之陽鳥，法言謂之朱鳥。脊椎動物鳥綱雁鴨目。體形似鵝，茶褐色，腹部白。嘴扁平，色蒼黃，邊緣有鋸齒。頸翼俱長，腳短，黃色。群飛時成人字形，謂之雁行。群雁索食或就眠時，必置警卒以伺外敵，所謂雁奴是也。秋季南來，春則北去，爲了食物與繁殖，隨着季節作長距離旅行，是有名的候鳥。夏小正此二節正是寫其遷徙的情況。禮記曲禮云：「凡贄，卿羔，大夫鳫。」雁，古人所以作爲禮幣，是取其信，取其和。雁又因體肥肉美，自古爲狩獵的對象。方言：「鳫自關而東謂之鴚鵝，南楚之外謂之鵝，或謂之倉鴚。」李巡云：「野曰鳫，家曰鵝。」雁鵝雖同類，其實還是有區別的，參閱下文「鴻」條。正月鳫北鄉，是說雁飛向北方的故居；九月遰鴻鳫，是說鴻雁飛往南方。

2 雉

正月：「雉震呴。」

十月：「雉入于淮爲蜃。」

雉，漢世爲避呂后諱，改名爲野雞。鳥綱鶉雞目。形似雞。雄羽甚美，面部紅色，頭頸黑紺色，有綠光，背之上部銅赤色，有白斑，彩色複雜，尾羽長約二尺。雌羽淡黃褐色，胸腹部有大黑斑，尾羽較雄爲短。平時棲平原草叢中，食穀物及蟲類。產卵時，雌避其雄，以免雄雉食卵，卵褐色。性好鬥，善走，翼短，不能久飛。尾羽甚美，可作裝飾品。雌雄摯而有別，其交不再，所以古代后、夫人的衣物或車蔽多畫雉形爲飾。又因它體備文明，性秉耿介，士也以之爲贄。爾雅釋鳥云：「鷂雉、鷮雉、鳪雉、鷩雉、秩秩海雉、鸐山雉、雗雉、鵫雉，雉絕有力奮，伊洛而南，素質五采皆備成章曰翬，江淮而南，青質五采皆備成章曰鷂，南方曰𠷎、東方曰鶅、北方曰鵗、西方曰鷷。」種類多達十四種。正月雉震呴，是說雉鼓翼而鳴。十月雉入于淮爲蜃，是古人觀物未審的臆度之詞，沈維鍾云：「立多本十月之節，江淮以北氣候較寒，其時雉必潛伏，故人遂有入淮爲蜃之謠。」（夏小正條考）

3 鷹

正月：「鷹則爲鷹鳩。」

五月：「鳩爲鷹。」

六月：「鷹始摯。」

鷹本作雁、鳫。異名極多，左傳謂之爽鳩，孟子謂之鸇，爾雅謂之鷤，說文謂之鷤，今又稱蒼鷹。鳥綱鷙鷹目（即猛禽類）。頭扁。上嘴鉤曲。眼圓，視力强。體長約二尺，翼長約一尺許。體之上面暗褐色，下面白色。腳强壯，脛部被毛，四趾皆有銳爪。性兇暴狡猾，捕食小鳥、雞、兎、野鼠等。夏季棲於深山，至秋末爲逐食而來遊平野。世人常將鷹隼並稱，沈維鍾云：「鷹與隼實爲兩種：鉤咮棘足，目光如猴睛，毛色蒼，形猛可怖，力能搏貍兎者，鷹也。今獵戶蓄之，遊俠豢之臂上者是也。隼則較鷹爲小。爪喙似鷹而貌稍馴，但能捕食小雀及野人家雛雞食之。其營巢常在古塔及殿閣承鴟之上。飛則廻翔空際，止則獨踞高阜，鳴時作聿律律一聲。」（夏小正條考）分別甚爲明晰。夏小正記載「鷹則爲鳩」、「鳩爲鷹」，是古人觀察不夠精密所產生的誤會，夏緯瑛曰：「鷹是猛禽之類，鳩是鳩鴿之類，二者都是候鳥，在一定的時候來，又於一定的時候去。在夏曆正月中，鷹去鳩來，彼時人們就以爲是鷹變化爲鳩了。」（夏小正經文校釋）六月「鷹始摯」，是說鷹開始凶鷙殺鳥。

4. 鳩

正月：「鷹則爲鳩。」

三月：「鳴鳩。」

五月：「鳩爲鷹。」

布穀

斑鳩

鳩，種類非一，內田亨云：「鳩棲息於林野，自古爲人所飼養，其品種變異之多實可駭異。達爾文氏證明生物進化時，謂生物之種類決非一定不變，更擧以因人力而漸次生鳩類之例。」（動物分類第十二章第五節）左傳昭公十七年提到少皞氏以鳥名官，有五鳩，其中惟祝鳩、鶻鳩屬鳩鴿目，若鳲鳩卽杜鵑目（卽攀禽類）之布穀，爽鳩、睢鳩則爲鷲鷹目。禮記月令：「鷹化爲鳩。」鄭玄注：「鳩，搏穀也。」搏穀卽布穀，一般注小正者多從之。布穀，形似杜鵑，但體稍大，胸腹部之黑色橫紋較細。每穀雨後始鳴，夏至後乃止，農家以爲候鳥，以其聲似呼布穀，故名。亦云勃姑、步姑、卜姑，又名鴶鵴、郭公等，亦皆因其聲似而呼之。至於三月「鳴鳩」，一般注家多以爲卽斑鳩，鳥綱鳩鴿目。爲鳩類之小形者。羽色背面灰褐，頭頸及體下面灰白色，微紅，頸後有黑色之半輪紋，陸璣云：「項有繡紋斑然，故曰斑鳩。」（毛詩草木鳥獸蟲魚疏）斑鳩，昔人謂卽鶻鵃，但今動物學則以爲二種。

5. 鷄

正月：「鷄桴粥。」

鷄，又作雞。鳥綱鶉鷄目。爲最常見之家禽，飼養之歷史頗古，種類甚多，各方所產，大小形色往往亦異。嘴短，鼻孔被鱗狀瓣，成裂孔狀。眼具瞬膜，頭部有肉冠及肉瓣，雄者特大。翼短，不能高飛。腳健壯，跗蹠及趾皆被鱗板，趾四，後趾高而短小。尾發達。雄體較大，羽色亦美，跗蹠部後方有距，至曉則啼。雌體越六、七個月而長成產卵。肉、卵皆供食用。鷄桴粥，是說鷄抱卵生育。

6. 燕、玄鳥

二月：「來降燕乃睇。」

九月：「陟玄鳥蟄。」

燕，又作鷰、鷰、燚。傳文以「乙也」釋之，與說文同。即詩經之燕燕、莊子之鷾鴯。玄鳥是燕的異稱，傳文云：「玄鳥者，燕也。」爾雅另有「燕，白脰烏。」與此同名異實。燕，鳥綱燕雀目（或稱鳴禽類）。體小頸短，似雀。嘴尖口濶，翼長而狹，突過於體。尾分歧。腳短爪銳。背部色黑，腹純白。春向北來，秋復返南。身體矯健，飛力甚強，速度每秒約二十四至三十五公尺，超越重洋而無墮海之虞，與雁同爲有名的候鳥。銜泥巢於屋樑上，隔年復能辨認舊巢。捕食昆蟲。金絲燕之巢爲有名之補品，即燕窩是也。金履祥云：「古人重玄鳥，當其至而祠之。故其來也書降，其去也書陟，皆貴之也。蟄者，玄鳥去則多蟄於島岸間土穴中，沈存中筆談嘗載其事。」（夏小正注）

7.倉庚

三月：「有鳴倉庚。」

倉庚，傳文以商庚、長股釋之，即黃鶯，也就是詩經周南葛覃的黃鳥、爾雅的鵹黃、說文的離黃。鳥綱燕雀目。色黃而美，嘴淡紅，自眼端至頭後部之斑紋，呈黑色。翼尾皆長，尾端帶圓。腳鉛黑色，跗蹠短，爪長而彎曲。鳴聲悅耳，好食果實。沈維鍾云：「春夏之交最多，二月則漸有鳴者，然並不成群飛逐，往往一枝獨宿，若院靜無人，則長鳴久轉，無有已時。」（夏小正條考）

8.鴽

三月：「田鼠化爲鴽。」

八月：「鴽爲鼠。」

鴽，傳文以「鵪也」釋之。爾雅釋鳥：「鴽，鴾母。」郭璞注：「鵪也，青州呼鴾母。」說文解字：「鵪，鶉屬也。」鵪，禮記作鷃。鵪，鳥綱鶉雞目。體形與鶉相似，背面全呈胡桃色，腹面胸部淡青色，至下方亦漸呈胡桃色。也是一種候鳥。肉可食，禮記內則有鴽釀。鵪鶉常並稱，形狀雖相似，實爲二物，孔廣森云：「鵪，鶉之類也。無斑者爲鵪，有斑者爲鶉；鶉有後趾，鵪無後趾，恆以是別之。」（大戴禮記補注）郝懿行也說：「今鶉黃黑雜文，大如秋雞，無尾；鵪較長大，黃色無文，又長頸長觜。」（爾雅義疏）田鼠化爲鴽，除見於夏小正、呂氏春秋季春紀、禮記月令、逸周書時訓、淮南子時則、易緯通卦驗外，列子天瑞篇亦云：「田鼠化爲鶉。」莊萬壽以爲：「田鼠，鼷鼠，與鶉鳥同寄生在野。或是田鼠與鶉鳥也是互爲食物生態的平衡，春天鶉鳥多了，田鼠無以爲生，就離開；秋天，田鼠多，鶉鳥就他遷，以致誤以鼠鶉互變。」（新譯列子讀本）可見這也是古人觀察未密所滋生的誤會。

9.鴂

五月：「鴂則鳴。」

鴂，孟子作鴃，詩豳風七月、禮記月令、爾雅釋鳥、說文解字均作鵙。傳文云：「百鷯也。」也就是左傳昭公十七年的伯趙、爾雅、說文的伯勞、鄭玄、趙岐注的博勞。伯勞，鳥綱燕雀目。體長約六、七寸。上嘴鉤曲而銳，側緣有齒狀缺刻。背色灰褐，尾長。鳴時尾羽向上下運動，聲甚壯。性猛悍，捕食蟲、魚、小鳥等。秋日以所捕動物貫於小枝，儲作多糧，爲此鳥之特性。顏師古注漢書謂鴂爲子規，王逸注楚辭謂鴂爲巧婦，揚雄方言謂鵙爲鶡鴠，郭璞注爾雅謂鵙似鶷鶡，陳正敏遯齋閒覽謂鵙爲梟，李筆國史補謂鴂爲布穀，楊愼丹鉛錄謂鵙爲駕犁，九種說法都不相同，李時珍本草綱目曾詳加考辨，以爲當以郭說爲準。

10.鴻

九月：「遰鴻鴈。」

鴻，鳥綱雁鴨目。翼長一尺八寸。頭頸及背面暗黃褐色，翼黑褐色，尾灰褐色，先端白，嘴尖黑，腳黃。爲獵鳥中之重要種類。詩豳風九罭：「鴻飛遵渚」之鴻爲黃鵠，與此不同。毛詩傳云：「大曰鴻，小曰雁。」鴻與雁，古人常並稱，嚴格而言，還是有區別的。晉張華云：「鴻雁有三同三異：秋來賓，一同也；鳴如家鵝，二同也；進有漸而飛有序，三同也。雁色蒼而鴻色白，一異也；雁多群而鴻寡侶，二異也；雁飛不過高山，而鴻薄雲漢，三異也。」（博物志）薛蟄龍也說：「考諸現行之動物學書，則鴻與雁判爲兩物，惟同屬諸水禽類耳。鴻之體大，背頸淡黑，雁之體小，額白而項頸背均呈褐色。……是謂鴻與雁相類則可，而謂鴻卽雁之大者則不可。」（毛詩動植物今釋）

11.雀

九月：「雀入于海爲蛤。」

雀，孟子、月令作爵，卽麻雀。鳥綱燕雀目。體長三寸許，絕肥。背面褐色，多黑褐斑。頭圓，嘴爲圓錐形，色黑，角質。足四趾，三前一後，能跳躍地上。尾短。雌體羽色較雄稍暗。棲處常近人家，春秋兩季，以枯草羽毛等營巢於樹洞及屋隙瓦簷等處。每年產卵二至三次，繁殖頗速，分佈亦廣。能雜食，盜穀物，捕蟲類，利害尚足相抵。可以炙食，唯性狡猾，不易捕獲。雀化爲蛤，除見於小正外，又見呂氏春秋季秋紀、禮記月令、逸周書時訓、淮南子時則，與鷹化爲鳩同爲古人觀物未審的謠言。沈維鍾云：「夏時宅都安邑，人民集居河北，但見九月以後此雀漸漸稀少，遂有入海化蛤之謠。實則麻雀避寒就燠，逐漸飛向東南，否則一交冬令，江淮之表何以驟增如許麻雀耶？」（夏小正條考）夏緯瑛也說：「蚌類之殼有種種花紋，當有蛤殼之花紋狀若雀者，古人考察不確，或以爲是雀之所化，故言『雀入于海爲蛤。』」（夏小正經文校釋）

12黑鳥

十月：「黑鳥浴。」

黑鳥，卽烏鴉，亦單稱烏。鳥綱燕雀目。體長約一尺七、八寸。嘴强直而大，色黑。體上面黑色，翼之基部暗色，有綠光。腳較細，色亦黑，趾有鉤爪。多群棲近村樹林中，食穀物、果實、昆蟲等。初夏以枝葉營巢樹上而產卵，巢極陋劣。李時珍云：「古有鴉經，以占吉凶。然北人喜鴉惡鵲，南人喜鵲惡鴉。」（本草綱目）沈維鍾云：「予考烏之與鴉自古有別：烏則周身純黑，眼目隱于黑色之中，使人驟不可辨，故烏字象鳥無目。其嘴短小，其性母子相哺，故稱慈烏，亦稱孝烏。鴉則有大小兩種，毛羽皆不純黑，大者白在項，小者白在腹下，其嘴皆長大，其性皆不反哺，因其與烏全別，故古人別製一字以名之，即今之焉字是也。」（夏小正條考）黑烏浴是說烏鴉迎風而飛，忽上忽下，宛如在洗浴羽毛一般。

13.弋

十二月：「鳴弋。」

金履祥云：「按當作鳶，今雪霽霜風之晨則鳶鳴。」（夏小正注）洪震煊夏小正疏義以弋爲子規，程鴻讀以爲鳳屬（程鴻詔夏小正集說引），都是缺乏實據的，金氏引或說「鳴弋猶鳴弦」更屬穿鑿。

鳶，卽鴟，唯與鴟鵂、怪鴟並非一物，俗稱鷂鷹。鳥綱鷲鷹目。頭頂及喉部白色；嘴帶藍色，體之上面褐色，微帶紫，兩翼黑褐色，腹部淡赤。尾尖分叉。四趾皆具鉤爪。天氣晴朗時常盤旋空中，視力强，如見地下有物可食，則瞥然直下攫之去。食蛇、鼠、蜥蜴、魚等。

(二)獸

1.田鼠

正月：「田鼠出。」

三月：「田鼠化鴽。」

八月：「鴽爲鼠。」

傳文以嗛鼠釋田鼠，嗛鼠卽爾雅釋獸之鼸鼠，郭璞注：「以頰裹藏食。」也就是香鼠、金花鼠之

類。范家相夏小正輯注、姚燮夏小正求是、馬徵麐夏小正箋疏都懷疑不是經文之義。李時珍本草綱目以爲田鼠就是鼹鼠，也就是爾雅的鼢鼠、方言的鼨鼠，又名隱鼠。他的說法大概是根據淮南子時則篇高誘注：「田鼠，鼢鼶鼠。」而來的。鼹鼠，脊椎動物哺乳綱食蟲目。體長五、六寸，圓錐形，密生光澤之輭毛。色暗灰帶褐。吻尖。眼小，隱於毛皮中，因不接觸光線，幾近於退化。耳殼極小，而聽覺甚敏。嗅覺亦銳，鼻尖富於彈性。尾短小。四肢短而多力，肢各五趾，趾有鉤爪，前肢特大而濶，適於掘土。日中深潛土穴，夜間或早晨捕食昆蟲、蚯蚓等，又嚙作物之根，頗爲有害，但捕食害蟲，亦有益農事。古時八蜡之祭，迎貓，就是爲了它能捕食田鼠。齧齒類也有田鼠，與此同名異實。

2 獺

正月：「獺獸祭魚。」

獺，即水獺，又名水狗，小的叫猵。哺乳綱食肉目。形似鼬。長約三尺餘。頭扁而短。眼大。尾略扁而長，有力。四肢短，各五趾，趾間有蹼。游泳時以尾爲舵，蹼爲櫂。全體被細長柔毛，夏日黑色，冬稍赤褐。穴居於河濱，晝伏夜出。行動敏捷，善捕魚，捕則四面陳之，好像人類在祭祀祖先一般，故謂之獺獸祭魚。蘇頌云：「西戎以其皮飾毳服領袖，云垢不著染。」（本草圖經）李時珍也說：「今川沔漁舟往往馴畜，使之捕魚。」（本草綱目）

3 羔、羊

二月：「初俊羔助厥母粥。」

山羊

綿羊

水獺

三月：「⿰羊韋羊。」

說文：「羔，羊子也。」羊，哺乳綱偶蹄目（或稱反芻目）主要有山羊、綿羊兩種。山羊，卽爾雅的羱羊、說文的莧，或名吳羊、野羊。形似綿羊而體較狹。頭長頸短，額有角一對，向後彎曲。牡者顎有長鬚，毛短，色或白或黑或灰，或黑白混雜。體長約二尺至四尺。此羊本野生，嗣因豢養於人，變種頗多。性善鬥，至死不恤。綿羊，或名夏羊，由野生之羱羊豢養而變化者。牝牡均有角，捩折如螺旋，角中空，外有橫紋。口吻狹長。四肢短，肢各四趾，有蹄，其向後二蹄不著地，稱爲懸蹄。尾短而下垂。毛綿密而長，多蜷曲，色白，可製織物。性溫順，喜群居，生育繁盛。羊自古卽爲有名的家畜，肉、乳可食，毛、皮可用。在距今六、七千年的陝西西安半坡和臨潼姜寨、浙江餘姚河姆渡原始遺址中，發現有豬、狗、羊、雞和水牛的骨骼。古人視羊爲吉祥動物，吉禮每用之，爲大牢所必具。禮記曲禮也說：「凡贄，卿羔。」正義疏：「羔，小羊，取其群而不失類也。」「初俊羔助厥母粥」文義不甚明晰，異說極多。可能是說剛長大的小羊，乳哺方斷，有助於其母懷胎另育幼羔。「⿰羊韋羊」傳文也不夠清楚，大概是說三月天氣初暖，羊來往相逐，有時互相登陟，好像積薪一般。⿰羊韋羊與委楊連文，徐世溥夏小正解、莊述祖夏小正經傳考釋、沈維鍾夏小正條考等以爲必有傳寫誤衍。

4. 駒、馬

四月：「執陟攻駒。」

五月：「頒馬。」

駒是二歲的小馬。馬，哺乳綱奇蹄目。身高，頭小而長，耳殼直立，頸有鬣。尾叢生長毛，爲總狀。四肢長，肢各三趾，惟中趾著地，趾端有蹄。爲草食性，故臼齒頗大，犬齒惟雄者有之，然亦甚小。性溫順，又善走，乘用、軍用、農用等皆宜。上古之馬大小與狐類相等而已，後經人類飼養、使用及改良，形狀亦隨之變化，各有不同。詩經魯頌駉篇根據毛色而區別，卽有十六種之多。執陟攻駒是說拘執春情發作而騰躍的小馬，免得它接近而踢傷懷孕的母馬，並且教它開始學習駕車。頒馬是說國君分駒馬給卿大夫使用，因爲古時大夫不得自造車馬。

5.狸

七月：「狸子肇肆。」

狸，爾雅、說文作貍，廣韻以爲卽野貓。哺乳綱食肉目。形似狐而小，且肥，體被黑褐色疏毛。鼻邊黑，眼邊白，眼銳有光。耳殼短闊，吻尖，四肢短而細，肢有四趾，具不能伸縮之鉤爪。尾毛長而蓬鬆，體長三、四尺。穴居近村之山野，常夜出掠食家畜，亦食魚及鼠，性狡猾，常倒行以亂其足跡。肉味不甚美，尾毛可製筆，皮可供裘領。本草綱目謂貍類甚多，有貓貍、虎貍、九節貍、香貍、牛尾貍、犯、海貍等。爾雅釋獸：「貍子隸。」貍子肇肆，是說貍之幼子開始肆意搏殺小動物。姚燮夏小正求是訓爲貍孕子肇生隸，程鴻詔夏小正集說解爲狸子始交配，都是望文生義，徐世溥夏小正解、范家相夏小正輯注以木實開花解之，更不可從。

6.鹿

八月：「鹿人從。」

鹿，哺乳綱偶蹄目。長四尺餘，四肢細長，前二趾踏地有蹄。尾短。毛色冬季茶褐，至夏變栗色，有白斑。牡者二歲生無枝之角，雌者無之。每年夏至時脫角，新角初生時甚輭，漸次堅硬，且隨年歲而增叉枝。棲北方山林中。性溫順，食則相呼，行則同旅，居則環角外向以防害。聽覺、嗅覺等均極敏銳，行動十分迅速，故不易獵獲。肉味甚美，茸供藥用。鹿人從，自古說者多歧，難得定論，王筠云：「詳此經傳，皆有訛誤，闕之可也。」（夏小正正義）

7.熊

九月：「熊、羆、貊、貉、鼬、鼪則穴。」

熊，哺乳綱食肉目。體肥滿，長四、五尺。頭大，額廣，耳殼短圓，鼻端略鈍，眼露兇光，嘴突出，上脣中央有分裂。四肢短，以全蹠踏地，各五趾，具鉤爪。尾短小。毛密而硬，色黑，惟喉下有白色新月紋。棲深山，穴居樹洞、土窖中，晝隱夜出，善攀木。能草食，亦能肉食。天寒時須冬眠，春暖始出，夏小正此節卽寫其避寒深居。熊皮可爲墊，肉可食，掌肉稱珍品，膽爲健胃藥。

8.羆

九月：「熊、羆、貊、貉、鼬、鼪則穴。」

羆，與羆同，俗呼人熊。哺乳綱食肉目。似熊而體大，長約六、七尺，重約八百磅。

毛色褐，或近黑色，喉下偶有月形斑。壽命可達五十年。多產北方。李時珍云：「熊羆魋，三種一類也。如豕色黑者，熊也；大而色黃白者，羆也；小而色黃赤者，魋也。」（本草綱目）

9. 貊

九月：「熊、羆、貊、貉、鼬鼪則穴。」

貊，通貘。哺乳綱奇蹄目，種類甚多。體形似豚，大小不一。四肢長短適中，前肢有四趾，後肢有三趾，皆有蹄。皮厚毛短，頸粗耳短。眼小，尾亦小。鼻長，向下方爲吻狀突出，能隨意伸屈。喜在夜晚獨行，多見於深林或水邊，好食植物。南中八郡志云：「貊大如驢，狀頗似熊，多力，食鐵，所觸無不拉。」（後漢書西南夷傳李賢注引）其他古書也往往有類似的記載，所言未免近乎神話。爾雅釋獸：「貘，白豹。」與此同名異實。此節貊，傅崧卿夏小正戴氏傳作豹。豹，哺乳綱食肉目。體長四尺餘。形似虎，耳短，瞳孔能隨光線而收放。犬牙大，呈圓錐形，臼齒尖。毛色蒼褐或赤褐，有黑色斑點，間有全身呈黑色者。性猛力强，動作活潑，能遠跳，善攀木，常捕食羊、鹿、猿猴等。毛皮甚珍貴。

10. 貉

九月：「熊、羆、貊、貉、鼬鼪則穴。」

貉，說文作貈。生山野間，形似貍（在日本，貍別名爲貉），銳頭尖鼻，毛黃褐色，深厚溫滑，可爲裘。相傳與貛同穴而異處，日伏夜出，捕食蟲物，其性好睡。

11. 鼬鼪

九月：「熊、羆、貊、貉、鼬鼪則穴。」

爾雅釋獸：「鼶鼠。」郭璞注：「夏小正曰：『鼶鼬則穴。』」又：「鼬鼠。」郭注：「今鼬似鼦，赤黃色，大尾，啖鼠，江東呼爲鼪。」可見鼬鼪異名同實。戴震校聚珍版叢書本大戴禮記，卽依郭注所引改作「鼶鼬」，從之者甚衆，或謂鼶卽田鼠，或謂鼶鼬同物。鼬，哺乳綱食肉目。一名鼪，亦名鼠狼或黃鼠狼。體長尺許，頭略圓，四肢短，毛黃褐。骨骼有彈性，伸屈自如，能出入小穴。多棲村市廢屋中，晝隱夜出，捕鼠及鷄等小動物。嗅覺敏銳，行動亦極敏捷。遇敵，則自肛門皮脂腺放惡臭而遁。毛可製筆，卽狼毫是也。

12. 豺

十月：「豺祭獸。」

豺，又作犲。哺乳綱食肉目。形似狼犬而體瘦，長四尺許。毛色茶褐或灰黃。口吻尖長，口裂頗深，耳殼直立，牙銳利。四肢前長後短，每肢五趾各具鉤爪，有小蹼，能游泳。吠聲如犬，群棲山林，性殘猛，常捕食羊、豕等。毛可製筆。豺祭獸猶如獺獸祭魚，大概是其性貪而飲食習慣如此。黃叔琳云：「獺祭圓，象天，陽也；豺祭方，象地，陰也。」（夏小正注）未免失之穿鑿。

13. 麋

十一月：「隕麋角。」

十二月：「隕麋角。」

麋，鹿屬，哺乳綱偶蹄目。形似鹿而體龐大，重約一千四百磅，高七尺許。四肢較長，全體暗赤褐色。眼小耳闊，頸有短鬣，胸部及喉下密生長毛，向下垂。牡體生有枝之角，其枝逐年增加，枝粗短，向內部彎曲，極堅强。性怯弱，喜孤立，善走，亦能游泳，食樹皮、樹葉及嫩芽等。肉可食，味美，毛革可製器具。麋鹿常並稱，沈維鍾云：「鹿產山林，馬身羊尾，大如小馬，黃質白斑。牡者有角，夏至則解。牝者無角，身小而無斑，毛雜黃白色，具名為麀。麋則產澤中，似鹿而色青黑，大如小牛，肉[illegible]。目下有兩竅，俗以為能夜視，故淮南子云：『孕女見麋而子四目也。』此麋與鹿之別也。」（夏小正條考）麋與鹿一樣，也會解角。夏小正十一月記隕麋角，十二月又記之，傅崧卿以為衍文，孔穎達禮記月令正義則以為是節氣有早晚的緣故。

(三)蟲

1 瞉

三月：「瞉則鳴。」

傳文以天螻釋瞉，與爾雅釋蟲相同，郭璞注：「螻蛄也。」禮記月令孟夏之月：「螻蟈鳴。」蔡邕章句謂螻即螻蛄，蟈為蛙。螻蛄，節足動物昆蟲綱直翅目。體圓長。色雜黑黃，長寸許。頭圓，似狗，故俗名土狗。有短觸角，如絲狀。足三對，第一對强大，適於掘土。前翅短，後翅大，疊則成尾狀之二突起，超尾端而突出。尾端有尾毛。常棲土中，至夜則出，喜撲火。雄者能鳴，其聲嗚嗚然，聞者誤以爲出自蚯蚓，實則蚯蚓並不能發聲。食蚯蚓、昆蟲，又嚙食作物，爲農田害蟲。

2蠶

三月：「妾子始蠶。」

蠶，俗作蚕，昆蟲綱鱗翅目之幼蟲，其成蟲爲蠶蛾。蠶初出時形小，色黑，有毛，謂之蟻蠶或䖢。經過蛻皮四次，眠四次（蛻皮前不動不食，俗謂之眠。）卽停止進食，吐絲作繭。每一繭之絲長達一千公尺，若以四萬個繭之絲相接，可圍繞地球一周。蠶在繭內，漸漸變爲褐色短肥之形狀，謂之蛹。經二週左右，又變爲成蟲，卽蠶蛾，破繭而出，雌雄交尾而產卵，不久自斃。其幼蟲漸由黑色轉呈灰白色，頭部堅硬，有眼、額、顎及脣，又有三個觸鬚。全體有十三環節，兩側各有橢圓形黑斑九點，爲呼吸出入之氣門。胸腹部足八對。體長約寸半。成蟲惟胸部有足三對，又有翅兩對，翅上有數多粉屑，檢以顯微鏡，則見粉屑上有無數鱗片狀之物，謂之鱗翅。翅小而體肥，故不能飛翔。我國早在新石器時代晚期已有蠶絲，蠶絲爲我國重要輸出品，而除桑蠶外，尚有柞蠶、天蠶等，俗謂之野蠶，野蠶絲亦可織綢。妾子始蠶，是說婢妾及正妻開始養蠶。

3.札、良蜩、匽、唐蜩、寒蟬

四月：「鳴札。」

五月：「良蜩鳴。」

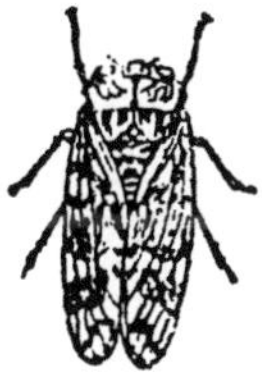

札

寒蟬

五月：「匽之興，五日翕，望乃伏。」

五月：「唐蜩鳴。」

七月：「寒蟬鳴。」

夏小正有關蟬的記事特別多，所謂札、良蜩、匽、唐蜩、寒蟬，其實都是蟬的一種。蟬，俗稱蜘蟟，種類極多。昆蟲綱有吻目。體長頭短，觸角雖短，計有七節。吻爲針狀。有二複眼，突出，又有單眼三。胸背有斑紋甚多，腹部分七節。雄體腹面有發音器一對，雌者無之，不能鳴，謂之啞蟬。翅膜質，或透明，或有色彩，前翅比後翅大。前肢腿部粗大，下面有齒，夏秋間出現，在林中吸食樹汁。生命不過二、三星期，幼蟲居土中，自幼蟲化蛹至爲成蟲，其期頗長，有亙十七年者。

①札：傳文以寧縣釋之。爾雅釋蟲：「蚻，蜻蜻。」郭璞注：「如蟬而小，方言云：『有文者謂之螓。』夏小正曰：『鳴蚻，虎懸。』」宋書升夏小正釋義以爲卽蟪蛄，其實同爲一物。蟪蛄，體長七、八分。色黃綠，有黑條紋，吻甚長，翅有黑斑，脈亦黃綠。雄體腹部有鳴器，頗闊，色暗黃。洪震煊夏小正疏義以爲札是蚱蟬，那是蟬中之大者，體長約一寸五分，卽爾雅的「蝒，馬蜩」，其說可能非是。

②良蜩：爾雅釋蟲：「蜩，蜋蜩。」蜋蜩，體長七、八分，翅長一寸六、七分。色黑，雜黃綠斑紋，腹部之腹面有白粉，所以傳文云：「五采具」。翅無色透明。棲息山間松林中，以體色似樹幹，不易搜覓。

③匽：夏小正此節經文既長且難解，或疑為古人釋經之詞誤入經文者。詩大雅蕩篇：「如蜩如螗。」毛傳：「蜩，蟬也。螗，蝘也。」爾雅釋蟲：「蜋蜩，螗蜩。」舍人注：「皆蟬也，方語不同。三輔以西為蜩，梁、宋以東謂蜩為蝘，楚語謂之蟪蛄。」可見匽也是蟬。夏小正此節大概是在講蟬之蛻變，夏緯瑛云：「所謂翕者，當是羽翅之未展，卽其不飛不鳴之時。而伏者，當是蟬之死而不見之時。」（夏小正經文校釋）黃模也說：「小正良蜩以前記四月鳴札，唐蜩以後記七月寒蟬。而匽居其間，獨詳言其興伏，於小正為變文，於是族為總論也。」（夏小正分箋）王廷相夏小正集解以為匽是蜣蜋，蔡德晉以為是伏翼（五禮通考卷一百九十九引），朱駿聲夏小正補傳以為是蝘蜓，都不可從。

④唐蜩：爾雅釋蟲：「螗蜩。」郭璞注：「夏小正傳曰：『螗蜩者蝘』，俗呼為胡蟬，江南謂之螗蛦。」郝懿行義疏：「今螗蜩小於馬蜩，背青綠色，頭有花冠。喜鳴，其聲清圓，若言鳥友鳥友。」方言：「蟬，宋、衞之間謂之螗蜩。」注：「今胡蟬也，似蟬而小，鳴聲清亮。」黃叔琳夏小正註以為螗蜩卽馬蜩，然爾雅另有：「蝒，馬蜩。」不當與螗蜩完全相同。

⑤寒蟬：傳文云：「蝭蠑也。」就是玉篇、廣韻的蝭蟧，爾雅釋蟲的「蜓蚞，螇螰。」爾雅又云：「蜺，寒蜩。」郭璞注：「寒螿也。似蟬而小，青赤，月令曰：『寒蟬鳴。』」寒蟬，色黑，有黃綠斑，翅透明，脈赤褐。雄者腹面有黑色三角形之鳴器。雄體長約九分半，雌體長八分半（產卵管除外）沈維鍾夏小正條考以為寒蟬當為螿蛍，亦卽蟋蟀，其說實乏確證。

4. 蜮

四月：「鳴蜮。」

蜮卽蟈，在說文爲一字之異體。禮記月令孟夏之月：「螻蟈鳴。」蔡邕章句謂螻卽螻蛄（上文之轂），蟈爲蛙。蜮，夏小正傳文以「或曰屈造之屬也」解之，屈造正是蛙類，卽詩邶風新臺之戚施、淮南子說林之鼓造、說文之鼁䵷、蝌鼁、詹諸，今稱蝦蟆或蟾蜍，異名極多，詳見陳壽祺左海經辨釋詹諸一文。蟾蜍，脊椎動物兩棲類無尾綱。體大，形醜惡，皮黑而多疣，內有毒腺。性遲緩，不善跳躍，鳴囊亦不發達。捕食昆蟲、蚯蚓等，能耐飢渴，不易死。經冬必須冬眠。常居陸上，產卵期則入水中。幼時之變化與蛙無異，亦爲蝌蚪。有一種藥叫蟾酥，卽取自其皮面之毒腺。說文：「蜮，短弧也。似鼈，三足，以气䠶害人。」短弧含沙射影，是一種傳說中的怪物，顧問夏小正集解據以解釋此節，非是。

5. 浮游

五月：「浮游有殷。」

浮游，又作蜉蝣、蜉游、蜉蝤。傳文以渠略解之，與爾雅相同。昆蟲綱擬脈翅目。體細長纖弱，約五、六分，有惡臭，色綠褐。頭部短，口器退化，觸角如針狀。前翅大，爲三角形，後翅小。第一對腳甚長，尾端有長尾毛三條。幼蟲體長圓，約八、九分，色淡褐。觸角短，胸部有腳三對，腹部分節，有扇狀之鰓七對，尾端有毛狀物三條。棲息水中，捕食小蟲，約三年蛻皮爲成蟲。成蟲交尾產卵於葉下，卽死，生存期只數小時。陸璣云：「似甲蟲，有角大如指，長三、四寸。甲下有翅，能飛。夏月陰雨時地中出，今人燒炙噉，美如蟬也。」（毛詩草木鳥獸蟲魚疏）郭璞云：「似蛣蜣，身狹而長，有角，黃黑色。聚生糞土中，朝生暮死，豬好啖之。」（爾雅注）他們所形容的另爲一種，大概就是臼齒蜉蝣，本草綱目兩存之。夏緯瑛以爲蜉蝣是金龜子，與蜣蜋（蛣蜣）同屬鞘翅目，其說與陸、郭爲近。但金龜子從無蜉蝣之名，可能只是一種臆測。

6. 丹鳥

八月：「丹鳥羞白鳥。」

丹鳥，傳文以丹良釋之，其意不明。禮記月令仲秋之月也有「群鳥養羞」，鄭玄注：「二者文異，群鳥、丹良，未聞孰是。」所以後人的解釋至爲紛歧，如楊愼夏小正解以爲是鶯雉，徐世溥夏小正解以爲是蝙蝠，李調元夏小正箋以爲是黃甲蟲，黃模夏小正異義以爲是鴻雁，他們的說法都有罅漏，不能自圓其說。唯宋書升夏小正釋義主張丹鳥卽赤卒（紅蜻蜓），其說於經傳咸能相合，胡玉縉推爲「雖刱論而實塙論。」（許廎學林）赤卒，是蜻蛉的一種。蜻蛉，昆蟲綱擬脈翅目（或列入另立之蜻蛉類），種類多達百數十種。體分頭胸腹三部。頭部有複眼二，單眼三。口有上下兩脣及上下兩顋，大顋頗發達，適於捕食蚊蠅蛾等害蟲。胸部有膜質翅二對。腹部分數節，有腳三對。性活潑，常群飛。又恆以尾點水，而產卵於水中。其幼蟲曰水蠆，頭爲球狀，胸部下面有六足，腹部廣闊，棲水中，捕食魚、蝌蚪及孑孓等。漸長，則生小翅爲蛹，至後蛻皮而出，卽爲成蟲。幼蟲之生存期頗長，既化爲成蟲，僅越二十餘日，交尾產卵後卽死。蜻蛉與蜻蜓形狀相似，惟蜻蛉飛行之區域不廣，蜻蜓能遠飛而已。赤卒，又名絳騶、赤衣使者、赤弁丈人。雄體紅色，長約一寸六分，雌體黃色，長約一寸半，展翅闊約二寸餘。複眼相接近，體無斑紋。雄體之翅透明，雌體之翅帶玳瑁色。腹部呈棱柱狀，基部稍大，腳暗黃。白鳥是蚊蚋，見下文。羞，傳文的解釋是「進也，不盡食也。」丹鳥羞白鳥，是說八月時，紅蜻蜓翼力漸薄，遇蚊蚋，若得珍異之物，不忍食盡。

7. 白鳥

八月：「丹鳥羞白鳥。」

白鳥，傳文的解釋是：「謂蚊蚋也。」蚊，本作蟁，與蚉同。昆蟲綱雙翅目。體細長，黑褐色。口吻長，觸角亦長，分十五節。腹部細長而略扁。翅透明，有細毛。足長，尖端生爪，有白斑。雌蚊夜間群出，吸螫人畜，雄者惟吸食植物液汁。卵產水中，幼蟲曰孑孓，體長圓，暗黑色。體之各節生叢毛，善屈伸游泳，約十日羽化為蚊。蚋，本作蜹，字林云：「蜹，小蚊也。」體卵形，長約七釐，色黑。頭小，觸角短，無單眼，複眼多呈赤色。胸背隆起為球形，翅闊。螫吸人畜之血液，幼蟲棲水中。

8. 玄駒

二月：「昆小蟲抵蚳。」

十二月：「玄駒賁。」

玄駒，傳文的解釋是「螘也。」爾雅釋蟲：「蚍蜉，大螘，小者螘。」方言：「蚍蜉，齊魯之間謂之蚼蟓，西南梁益之間謂之元蚼，燕謂之蛾蛘。」螘，就是蟻，昆蟲綱膜翅目。形性多似蜂，體長形，色黑或褐。頭大，有複眼二，觸角頗長。口有鉤屈之大顋一對。胸部呈卵形，有腳三對，腳端具二爪。腹部球形或卵形，常有細腰，或尾端有毒刺。巢常營於地中或朽木內，概分多數之隧道。集社會而群棲，亦有役使奴隸、畜牧甲蟲蚜蟲、種植穀物之智識。有雌蟻、雄蟻、工蟻、兵蟻之別。雌雄蟻於二複眼外，又有單眼，工蟻、兵蟻無之。雌雄蟻至春暖時，生翅而飛行空中，交尾後，雄蟻卽死，雌蟻之翅脫落。工蟻於此時增築巢穴，搜集食物。兵蟻任戒備及戰鬥之事。種類甚多。玄駒賁，是說十二月天寒地凍，螞蟻潛伏奔走於地中。任兆麟夏小正補注、沈維鍾夏小正條考以爲是說蟻在地中攻土而成蟻垤，墳然隆起，其說與傳文釋賁爲奔略有不同。夏緯瑛夏小正經文校釋則以爲是說玄色之馬已長成而肥碩，他的解釋可說完全否定傳文了。

蚳，傳文的解釋是「螘卵也。」蟻之卵透明，色乳白，古人取之作爲祭醢。劉師培云：「因其物可以推抵，故名曰蚳。今驗此物色白，淮南人呼爲馬蟻子，鮮有取以爲食者，與古殊矣！」（爾雅蟲名今釋）昆小蟲抵蚳，或以爲一節，或以爲兩節，經傳都詰曲難解。可能是說春暖時，多蟄的衆小蟲都紛紛出來活動，人們推擇蟻卵做爲祭醢。由於蟻卵在後世很少充作食物，金履祥夏小正注、王廷相夏小正集解、徐世溥夏小正解、任兆麟夏小正補注、黃模夏小正分箋都有不同的說法，其中黃模以爲蚳指水中介蟲，抵，是以叉籍于泥中而取之，說較可取，可備一義。

(四)魚

1 鮪

二月：「祭鮪。」

爾雅釋魚：「鮥，鮛鮪。」郭璞注：「鮪，鱣屬也。大者名王鮪，小者名鮛鮪。」鮪卽鱏，俗作鱘。脊椎動物魚綱硬鱗目。爲鱣之近似種。體形爲長紡錘狀，但背無硬鱗，鰭間有刺棘，能左右動，而不能屈曲。肉色白，吻長，口在頭下，頰下有青斑，紋如梅花。尾分叉，背面青碧，腹白，有黃色斑點。長一、二丈。春初出現於江、淮、黃河、遼海深水處。祭鮪是以鮪供祭祀之用，周禮𩰫人也說：「春獻王鮪。」月令「薦鮪於寢廟」，在三月。

2 鱓

二月：「剝鱓。」

鱓，爲鼉之叚借。鼉，一名鼉龍，又名豬婆龍，卽揚子鱷。脊椎動物爬蟲類。體長一、二丈，四足，背尾俱有鱗甲，似短吻鱷。性貪睡，恆閉目，力猛，善攻，穴居江岸。生卵甚多，至以百數，有時自食之。南人珍貴其肉，以爲嫁娶之敬。其皮可張鼓，剝鱓目的卽在此。

3 蛤、蜃

九月：「雀入于海爲蛤。」

十月：「雉入于淮為蜄。」

說文解字：「盒，蜃屬，有三，皆生於海。」盒卽蛤。輭體動物瓣鰓類。外被介殼二片，為外套膜分泌而成，具有保護作用。殼頂相互凹凸，有韌帶相連，無頭，無觸角，口開於外套腔之內，鰓亦位於外套腔內。足呈側扁，平時常伸出殼外，潛行泥沙中，但速度緩慢。棲於近海之砂底。肉可供食用，珍珠尤為貴重。種類甚多，其大小、形狀、顏色及斑紋變化無窮。最常見的有文蛤、魁蛤(蚶)、蛤蜊等。

說文又云：「蜃，大蛤。」蜃卽蜄，傳文以「蒲蘆」解之，是說其形狀圓而長。古時磨其殼為農具。另外，傳說能吁氣成樓臺城郭之狀的海市蜃樓，是蛟蜃，與此同名異實。

通觀夏小正之生物後，似乎有幾點特別値得一提：

㈠夏小正旨在驗時，不以多識為貴，所載動植之屬，不過六、七十種，比當時實際的生物當然要少得多。此種情況正如同詩經側重比興，不是生物專書一般。我們不能以求全責備的眼光來衡量這些古籍。

㈡夏小正透過這些生物來表現時節的轉移、氣候的變遷。換句話說，「物」與「候」密切結合，成為「物候」。這種物候知識可以幫助人們處理生活的細節、掌握生產的時效，對農業社會而言是十分重要的。夏小正是現存最古的物候專書，在先民生活史及農業發展史上自然都有其特殊的地位。

㈢這六、七十種生物，爲數雖少，而已徧及草木鳥獸蟲魚，其中固不乏耳熟能詳者，但也有許多冷僻難識的。吳澄云：「夫七十二候……其禽獸草木，多出北方，蓋以漢前之儒皆江北者他，故江南老師宿儒亦難盡識。」（月令七十二候集解）對於夏小正的生物，我們也有同樣的感觸。欲將這些生物完全辨識清楚，不僅須博考古籍，還須徵之目驗，詢之農牧，甚至借助於現代生物學的專門知識，並不是十分容易的事。

㈣爾雅爲博物之淵藪，將六百多種生物分別隸於釋草、釋木、釋蟲、釋魚、釋鳥、釋獸、釋畜。每篇之中，或別其異名，或詳其形狀，或以類相從，或前後互見，已具有相當進步的分類學知識。夏小正性質不同，自然不能對它作同等的要求。不過，如正月「梅杏杝桃則華」、九月「熊羆貊貉鼶鼬則穴」，將同屬薔薇科的植物、同屬哺乳綱的動物排比並言；四月「鳴札」、五月「良蜩鳴」、「匽之興，五日翕，望及伏」、「唐蜩鳴」、七月「寒蟬鳴」將蟬區分爲四、五種，都可顯示當時對生物的分類已十分注意。

㈤站在今日科學的觀點，最讓人詬病的是正月「鷹則爲鳩」、三月「田鼠化爲鴽」、五月「鳩爲鷹」、八月「鴽爲鼠」、九月「雀入于海爲蛤」、十月「雉入于淮爲蜃」這些觀物豐富的紀錄。不過，我們如果了解紀錄者所處的時代，科學並不發達，而且其他的古籍如莊子、呂氏春秋、淮南子、逸周書、易緯、禮記、列子等往往也有相類似的錯誤，那就不會加以苛責了。陳文濤云：「古時甚尚化生之說，禮月令有鷹化爲鳩、雀化爲蛤、腐草化爲螢諸說。莊子亦云：白鶂相視而化，細腰者化；

蓋皆緣於觀察之誤。惟化生之說，亦未能絕對否認；近有科學家，曾將某種液熱至法倫表一百四十度，顯示其內所有黴菌皆已全數死亡；後又取一種液養熱二百十二度，經二日後，此二種液內居然有了生物，因知自然化生，實非絕不可能之事實也。」（先秦自然學概論第九章）從這個角度來看，這些古籍的荒謬紀錄也並非毫無意義的。

伍、夏小正之氣候

氣候之變遷深深影響人類及所有動植物的生存環境，風調雨順則國泰民安，萬物得所；水旱交侵則民不聊生，徧地餓殍。甚至會導致內亂頻仍，外族入侵，扭轉了整個歷史發展的軌道。從甲骨文時代開始，有關陰晴、風雨、寒燠……等的紀錄就屢見不鮮，可以汗牛，可以充棟，這正是人們關注氣候的具體表現。夏小正在這方面的資料也十分豐富，茲分物候、氣象兩方面加以介紹：

一、物候

物候是動、植物受季節氣候變化影響所產生的周期現象，如草木的春生秋枯，昆蟲的冬蟄春發，候鳥之隨氣候而來往等。若斯之比，各有其序，而且隨着季節周而復始，循環不已，極易引起人們的注意。人類經過長期的觀察，自然而然就產生了物候知識，這種知識可以幫助人們對季節氣候的了解、預測與運用，是氣候學中重要的一環。我國歷史悠久，農業發達，因而物候之學起源甚早，著作也特別豐富，單就先秦兩漢而言，即有夏小正、呂氏春秋十二月紀、淮南子時則篇、禮記月令、易緯通卦驗、逸周書時訓篇等幾篇文獻流傳下來。而零星紀候的如詩豳風七月、管子四時篇、五行篇，亡佚的如明堂月令、逸周書月令篇、今月令等也不在少數。至於後世的物候著作更是多得不可勝數。在所有的時令資料之中，夏小正爲時最早，很自然地就成爲大家仿效損益的根源，因而楊愼云：「古者紀候之書，逸周書有時訓，呂覽有月紀，易緯有通卦驗，管敬仲有時令，鴻烈有時則訓，同異互出，大抵宗小正而詳。還觀小正，規畫遠矣！其昏旦伏見中正當鄉候在星，寒暑夙日冰雪雨旱候在氣，稊秀榮華候在草木，蟄粥伏遰陟降離隕鳴呴候在禽獸，王政達焉，民事法焉，故曰：規畫遠矣！」（夏小正解自序）其推崇可謂備至。玆爲了了解其規畫深遠的內涵，並顯示其對同類著作的影響，特將全篇物候依次臚列，而以十二月紀、時則、月令、通卦驗、時訓物候之相同或相近者分繫其下，作成對照表，如左：

篇名／物候／月份	正							
夏小正	啓蟄	鴈北鄉	雉震呴	魚陟負冰	囿有見韭	田鼠出	獺獸祭魚	鷹則爲鳩
呂氏春秋十二月紀	蟄蟲始振蘇	候雁北 （十二月）雁北鄉	（十二月）乳雉雊	魚上冰			獺祭魚	（二月）鷹化爲鳩
淮南子時則	蟄蟲始振蘇	候雁北 （十二月）雁北鄉	（十二月）雉雊	魚上負冰			獺祭魚	（二月）鷹化爲鳩
禮記月令	蟄蟲始振	鴻雁來 （十二月）雁北鄉	（十二月）雉雊	魚上冰			獺祭魚	（二月）鷹化爲鳩
易緯通卦驗		（二月）候雁北	雉雊	（十一月）魚負冰			獺祭魚	
逸周書時訓	蟄蟲始振	鴻雁來 （十二月）雁北向	（十二月）雉始雊	魚上冰			獺祭魚	鷹化爲鳩

二月									
采芸	柳稊	梅杏杝桃則華	緹縞	鷄桴粥	往耰黍禪	初俊羔助厥母粥	祭鮪	榮堇	采蘩
		（二月）桃李華					（三月）薦鮪于寢廟		
		（二月）桃李始華		（十二月）雞呼卵			（三月）薦鮪于寢廟		
		（二月）桃始華		（十二月）雞乳			（三月）薦鮪于寢廟		
	楊柳稊	（二月）桃李華		雞乳					
		桃始華		（十二月）雞始乳					

三月					
昆小蟲抵蚳	蟄蟲咸動	蟄蟲咸動蘇	蟄蟲咸動		
來降燕乃睇	玄鳥至		玄鳥至	（三月）玄鳥來	玄鳥至
剝鱓	（六月）取鼉	（六月）取鼉	（六月）取鼉		
有鳴倉庚	倉庚鳴	倉庚鳴	倉庚鳴	（正月）鶬鶊鳴	倉庚鳴
榮芸					
時有見稊始收					
攝桑					
委楊					
羵羊					
縠則鳴	（四月）螻蟈鳴	（四月）螻蟈鳴	（四月）螻蟈鳴	（四月）螻蛄鳴	（四月）螻蟈鳴

四月									
采識	妾子始蠶	祈麥實	田鼠化爲鴽	拂桐芭	鳴鳩	鳴札	囿有見杏	鳴蜮	王萯秀
	省婦使以勸蠶事	乃爲麥祈實	田鼠化爲鴽	桐始華	鳴鳩拂其羽			（螻蟈鳴）	王菩生
	省婦使勸蠶事	乃爲麥祈實	田鼠化爲鴽	桐始華	鳴鳩奮其羽			（螻蟈鳴）	王瓜生
	省婦使以勸蠶事	乃爲麥祈實	田鼠化爲鴽	桐始華	鳴鳩拂其羽			（螻蟈鳴）	王瓜生
			田鼠化爲鴽						
			田鼠化爲鴽	桐始華	鳴鳩拂其羽			（螻蟈鳴）	王瓜生

五月					
取茶					
莠幽					
執陟攻駒	（五月）縶騰駒	（五月）執騰駒	（五月）縶騰駒		
浮游有殷					
鴂則鳴	鵙始鳴	鵙始鳴	鵙始鳴	（六月）伯勞鳴	鵙始鳴
乃瓜					
良蜩鳴	蟬始鳴	蟬始鳴	蟬始鳴	蟬鳴	蜩始鳴
匽之興五日翕望乃伏					
啓灌藍蓼	（五月）令民無刈藍以染	（五月）禁民無刈藍以染	（五月）令民毋艾藍以染		
鳩爲鷹					

月					六月		七		
唐蜩鳴	煮梅	蓄蘭	菽糜	頒馬	煮桃	鷹始摯	秀雚葦	狸子肇肆	湟潦生苹
（蟬始鳴）				班馬政		鷹乃學習			（三月）苹始生
（蟬始鳴）				班馬政		鷹乃學習			（三月）苹始生
（蟬始鳴）				班馬政		鷹乃學習			（三月）苹始生
（蟬鳴）									
（蜩始鳴）						鷹乃學習			（三月）苹始生

月				八月					
爽死	苹秀	寒蟬鳴	灌荼	剝瓜	剝棗	栗零	丹鳥羞白鳥	鹿人從	鴽爲鼠
		寒蟬鳴					群鳥養羞		
		寒蟬鳴					群鳥翔		
		寒蟬鳴					群鳥養羞		
		寒蟬鳴							
		寒蟬鳴					群鳥養羞		

九月	九月	九月	九月	九月	十月	十月	十月	十一月
遰鴻鴈	陟玄鳥蟄	熊羆貊貉鼬鼪則穴	榮鞠	雀入于海爲蛤	豺祭獸	黑鳥浴	雉入于淮爲蜃	隕麋角
（八月）候雁來 候雁來賓	（八月）玄鳥歸	（八月）蟄蟲俯戶 蟄蟲咸俯在穴	鞠有黃華	爵入大水爲蛤	（九月）豺則祭獸戮禽		雉入大水爲蜃	麋角解
（八月）候雁來 候雁來賓	（八月）玄鳥歸	（八月）蟄蟲培戶 蟄蟲咸俛	菊有黃華	爵入大水爲蛤	（九月）豺乃祭獸戮禽		雉入大水爲蜃	麋角解
（八月）鴻雁來 鴻雁來賓	（八月）玄鳥歸	（八月）蟄蟲坏戶 蟄蟲咸俯在內	鞠有黃華	爵入大水爲蛤	（九月）豺乃祭獸戮禽		雉入大水爲蜃	麋角解
候雁南向	（八月）燕子去室 （八月）玄鳥歸	（十月）熊羆入穴		（十月）賓爵入水爲蛤	（九月）豺祭獸		雉入水爲蜃	麋角解
（八月）鴻雁來 鴻雁來賓	（八月）玄鳥歸	（八月）蟄蟲培戶 蟄蟲咸俯	菊有黃華	爵入大水爲蛤	（九月）豺乃祭獸		雉入大水爲蜃	麋角解

十二月			
鳴弋	玄駒賁	納卵蒜	隕麋角

註一：物候以動植物之自然變化者（如啓蟄、鴈北鄉）爲主，以人事活動之涉及生物者（如采芸、往耰黍禪）爲輔，至於寒燠風雨等氣象變化則詳見下文，概不闌入。

註二：物候次序以夏小正爲準，十二月紀等時間相同者不復注明，時間不同者括弧加注，並一概換算成一、二、三……月，以便對照。

綜觀這些物候資料，不難發現它們之間因革損益的痕跡十分明顯，要而言之，其途徑不外七種：

1沿襲：夏小正之物候數逾八十，十二月紀等與之相同或相近者將近一年，其中甚至有文字完全相同的，如三月田鼠化爲鴽、七月寒蟬鳴是。

2改寫：有些物候，十二月紀等與夏小正文字雖異，內容無殊，只是略加修改而已，如正月柳稊，通卦驗作楊柳稊；二月祭鮪，十二月紀、時則、月令作薦鮪于寢廟；五月鴃則鳴，十二月紀、時則、月令、時訓作鶪始鳴，通卦驗作伯勞鳴。

3.移易：候徵的出現，時間不盡相同，前後次序因而有所移動，如七月湟潦生苹，十二月紀、時則、月令、時訓萍始生都在三月，這是提前的；如正月鷹則爲鳩，十二月紀、時則、月令、時訓鷹化爲鳩都在二月，這是延後的。

4.合併：將夏小正二候併爲一候，如三月瑴則鳴、四月鳴蜮，十二月紀、時則、月令、時訓都併成四月螻蟈鳴；五月良蜩鳴、唐蜩鳴，十二月紀、時則、月令都併成蟬始鳴，通卦驗併成蟬鳴，時訓併成蜩始鳴。

5.分析：將夏小正一候析爲二候，如正月鴈北鄉，十二月紀、時則、月令、時訓雁北鄉見十二月，候雁北（鴻雁來）見正月；九月遰鴻雁，十二月紀、時則、月令、時訓候（鴻）雁來見八月，候（鴻）雁來賓見九月。

6.刪除：如正月囿有見韭、田鼠出，二月榮堇、采蘩，三月攝桑、委楊，十二月紀以降都加以刪汰。

7.增添：如十二月紀、時則、月令、時訓正月增添草木繁（萌）動，三月增添戴任（鵀、勝）降于桑，四月增添蚯蚓（螾）出；通卦驗四月增加雀子飛，十月增加薺麥生，十二月增加蛇垂首。

十二月紀以降諸篇透過這七種途徑，對過去的文獻有所吸收，也有所損益，踵事增華，變本加厲，顯現出來的面貌也就各有不同。但萬變不離其宗，隱隱約約之中還是可以看到夏小正的影子。

夏小正既然爲時令類文獻的濫觴，內容又如此充實，在物候學上其地位自然是十分崇高的。底下且就幾個重點來探討夏小正的物候：

㈠取材觀點：

邢昺云：「夏小正者，以蟲魚草木正十二月之節候，起於夏后氏，故曰夏小正。」（爾雅疏）洪震煊也說：「小者，謂動植之物，以動植之物著名於經，此小正之通例。」（夏小正疏義）他們對夏小正書名的解釋不無偏頗，因爲這本小書所記不僅限於物候，還有天象、民事也都不是軍國大事。不過，物候在夏小正中所占的份量高達三分之二，顯得特別突出，則是事實，難怪邢昺、洪震煊要以偏概全了。夏小正所以記這麼多物候，無非是爲了驗時，換一句話說，就是拿這些物候來表徵時節的先後、氣候的寒暖。我們只要看看傳文中「時」字俯拾皆是，如正月田鼠出云：「田鼠者，嗛鼠也。記時也。」鷹則爲鳩云：「鷹也者，其殺之時也；鳩也者，非其殺之時也。」就可以思過半了。

自然界的動植物林林總總，何啻萬千，而且紛紛紜紜，活動不已，夏小正的作者如何取捨才足以驗時呢？首先，他所記的都是顯著而容易引起人們注意的，如鴻雁及燕子秋去春來，大家耳熟能詳，於是夏小正記了正月「雁北鄉」、二月「來降燕乃睇」、九月「遰鴻雁」「陟玄鳥蟄」。其次，就是選擇動植物剛開始活動或變化時加以紀錄，如芸草一年開花八個月，冬眠動物一年蟄伏三、四個月，夏小正僅記載二月「榮芸」、九月「熊羆貊貉鼬鼪則穴」，節候的變化自然就顯現出來了。

固然，天文氣象也可以顯示時節的轉移、寒燠的變化，但或較爲抽象，或變幻莫測，終不若物候那樣具體、簡明而容易掌握。掌握了物候的變化之後，其目的又安在呢？安吉云：「小正紀物候皆關事神保民，一華一鳥，一事一物，可以知時，可以觀禮，可以觀政。」（夏時考）蓋溫度的升降，與人類的日常生活或生物的發育、活動都是息息相關的。人們只要把握了物候，就可以預知季節的變換，在食衣住行方面未雨綢繆，在生產方面有所遵循。而由於農漁畜牧的對象是動植物，紀候若透過動植物，對生產當然是格外有裨益的。所以黃叔琳云：「埤雅云：『倉庚知分，鳴鳩知至。』故陽氣分而倉庚鳴，可蠶之候也；陰氣至而鵙鳴，可績之候也。詩曰：『七月鵙鳴，八月載績。』是促人績者爲衣也。」（夏小正注）古代許多著名的農書，如漢氾勝之書、崔寔四民月令、北魏賈思勰齊民要術、元農桑輯要、王禎農書、明徐光啓農政全書等，在講到耕地和播種等的適宜時期，往往以自然界的物候爲準。齊民要術論種穀云：「二月上旬及麻菩楊生種者爲上時，三月上旬及清明時節桃始花爲中時，四月上旬及棗葉生、桑花落爲下時。」就是一個例子。我國若干處於原始狀態的邊疆民族，至今猶根據物候來安排農業活動。如雲南省的拉祜族以蒿子花開作爲翻地時間的標誌。可見物候在農業社會是極其重要的，而夏小正是我們現知最早的物候專書，則其在先民生活史及農業發展史上具有何種地位，也就不難想見了。王毓瑚云：「從農學的角度來說，本書（夏小正）可視爲先秦時期的一種農家曆，書的內容特別突出的，是關於『物候』的記載。這是反映我國古代農民的智慧的主要標誌之一，非常值得重視。」（中國農學書錄）他的評論是十分中肯的。

夏小正紀物候的動機十分單純，態度十分客觀，它只是供民衆作爲生活及生產的參考，而不是供天子作爲施政的藍圖。而且由於時代較早，完全沒有受到陰陽五行學說的影響，其內容自然也就不像十二月紀、時則、月令、時訓那樣駁雜了。它既沒有將天干、帝號、神名、音樂、數目……等組合進去，也沒有休徵、咎徵的迷信色彩，像「孟春行夏令，則雨水不時，草木蚤落，國時有恐；行秋令則其民大疫，猋風暴雨總至，藜莠蓬蒿並興；行冬令則水潦爲敗，雪霜大摯，首種不入。」這類的文字，在夏小正中是完全找不到的，我們可以說夏小正是純粹紀候之書，物候在書中占有極高的比重，其淪爲附庸，聊資點綴是後世才有的現象。

(二)紀候方法

夏小正分一年爲十二月，上無季節，下無日數，亦未明言歲首。所有的物候都按月排比，多則十餘候（如正月、二月），少者僅一、二候（如六月、十一月），材料十分參差。每月之中的物候，有的可能是以時間先後爲次，如正月「啓蟄……魚陟負冰」，在時訓中「蟄蟲始振」、「魚上冰」相隔五日；有的可能是以性質異同爲類，如正月「田鼠出，獺獸祭魚，鷹則爲鳩」，都是記動物，「柳稊，梅杏杝桃則華，緹縞」，都是記植物；有的可能只是隨文臚舉，如三月「田鼠化爲鴽，拂桐芭」，在時訓中「桐始華」是比「田鼠化爲鴽」晚五日的。如果我們將相關物候貫通觀之，尚屬有條不紊，如正月「梅杏杝桃則華」四月「囿有見杏」五月「煮梅」六月「煮桃」，先是開花，繼而成熟，終則煮爲豆實；又如正月「鷹則爲鳩」五月「鳩爲鷹」六月「鷹始摯」，寫鷹隨着氣溫的升高而漸趨凶鷙，也可以看出先後之序。在夏小正中除了物候之外，所記日月星辰的見伏，寒燠雨旱的變化，也可用以徵驗時節，可說集天文曆、氣候曆、物候曆於一身。只可惜在天文方面既未明言日躔，在物候方面也多混列無別，其紀候方法可說還是不夠精密的。

呂氏春秋十二月紀以立春爲歲首，分一年爲春夏秋冬四季，每季三月，以孟仲季區別之，每月以三十日起算，已有十二個類似節氣的名稱。所載物候也較爲整齊，每月少則四、五，多則七、八，仍多混列，不甚區別節氣。淮南時則、禮記月令都根據呂紀略加更易，基本上並無不同。易緯通卦驗始採取淮南子天文篇之二十四節氣來紀錄物候，唯各個節氣所列物候，多至六條，少僅一條，分配頗欠均勻。直至逸周書時訓，一方面承襲了二十四節氣法，一方面將月令物候整理成七十二候（請參閱左附月令總圖，採自李調元月令氣候圖說），每五日一候，每月六候，分配整齊，安排精密，可說集節氣物候之大成，在物候學上是一大進步。北魏正光曆、甲子元曆稍加修改，頒爲時令，欲民遵行，此後，唐之麟德曆、開元大衍曆，以至清之時憲書，今之農民曆，大抵歷代相沿，出入不大，其影響眞是十分深遠（詳見兪樾七十二候考、曹仁虎七十二候考）。如果我們拿夏小正與之相較，二十四節氣在夏小正中可考者僅有啓蟄（驚蟄）、時有養日（夏至）、時有養夜（冬至）三個，而且它們只能算是對天時物候的描述，還不能算是節氣的專名；至於七十二候，兪樾曾刺取其與夏小正相近者，得二十九條（見七十二候考），可見兩者之間已如大輅之與椎輪，大有不同。

近代科學發達，物候之學日新月異，舉凡禽鳥物候學、昆蟲物候學、動物物候學、熱帶物候學、區域物候學、農業物候學都可自成學科、專門研究。許多專家學者紛紛設立觀測網，運用嶄新的儀器，輔以精密的天文氣象資料，觀測對象日漸增多，觀測項目日趨精細，如對土生植物的始華、盛華、再華、落華日期與舒葉、葉變色及落葉日期，對禽鳥的初見、初聞、終見、終聞都有縝密的紀錄。他們

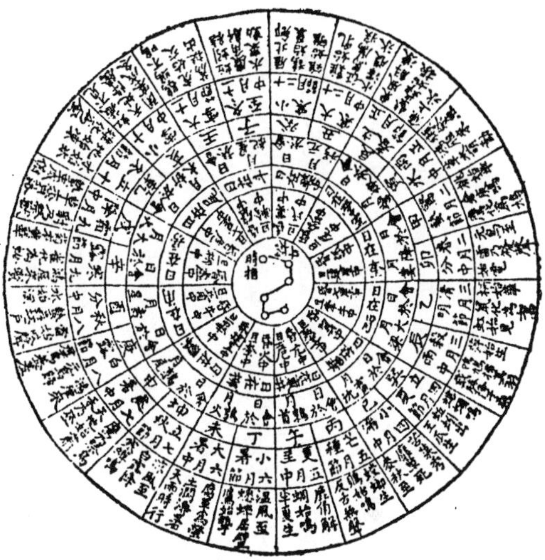

月令總圖

還編製物候曆，對各種觀測的動植物都作了極其翔實的圖表，甚至還發明電碼與符號，隨時將最新資料塡入，加以分析，作成預告，以供農業生產的參考（詳見鄭子政農業氣象學）。如此精細的紀候方法自非夏小正或逸周書所能望其項背。不過，我們要曉得任何學問總是前修未密，後出轉精，物候學在泰西成爲現代科學也不過二百多年的歷史，而我們的祖先在二、三千年前即寫下如此珍貴的物候文獻，不是很値得驕傲的事嗎？

㈢物候不齊

巢居知風，穴居知雨，動物的感覺是相當靈敏的，桃華春發，楓葉秋紅，植物的榮凋也有一定的節序，它們可以用來紀候，就是基於這個道理。只是風雨寒燠難免有不規則的變化，歲時早晚偶然也會受置閏的影響，物候的表現能否像七十二候那麼整齊而固定，實在是大有問題的。這個現象由夏小正十一、十二月兩記「隕麋角」就可看出蛛絲馬跡，對此一令人迷惑的記載，孔穎達的解釋是：「若節氣早則麋角十一月解，故夏小正云：『十一月麋角隕墜』是也；若節氣晚，則十二月麋角解，故小正云：『十二月隕麋角。』」（禮記月令正義）在十二月紀、時則、月令、時訓裡也可發現相類似的記載，那就是十二月已記雁北鄉，正月又記候雁北，八月已記候雁來，九月又記候雁來賓，有許多學者也都是以歲時有早晚來作爲解釋。

如果我們將不同的文獻排比並觀，那物候不齊的現象就更明顯了。從上文的對照表可以發現：夏小正雁北鄉、雉震呴都在正月，十二月紀、時則、月令、時訓之雁北鄉、乳雉雊則在十二月；夏小正來降燕乃睇、有鳴倉庚都在二月，通卦驗則玄鳥來在三月，鶬鶊鳴在正月。魏書以下也是如此，故竺可楨云：「考魏書所載……較夏小正、月令、逸周書遲一候或數候。以桃始華而論，周書以爲驚蟄初候，魏書以爲驚蟄次候，而夏小正則在孟春之月。又魏書以電始見、蟄蟲咸動、蟄蟲啓戶爲清明之三候，而月令則在仲春之月。」（論新月令）胡厚宣亦云：「今日之黃河流域以視魏書七十二候，又不同也。今日黃河流域以北，東風解凍約在三月初，桃始花約在四月初，雷始發聲約在四月中旬以後，較魏書所載氣候約差一月之久，較之月令、時訓，至少亦差一月半乃至兩月之久也。」（氣候變遷與殷代氣候之檢討）物候不僅有古今之殊，即同在今日，也因南北不同而有差異，我們只要看看下列四幅物候的周時線分佈圖（採自劉昭民中國歷史上氣候之變遷，其月份係採用國曆），就可一目瞭然。可見節候之變動不居，是十分複雜的。

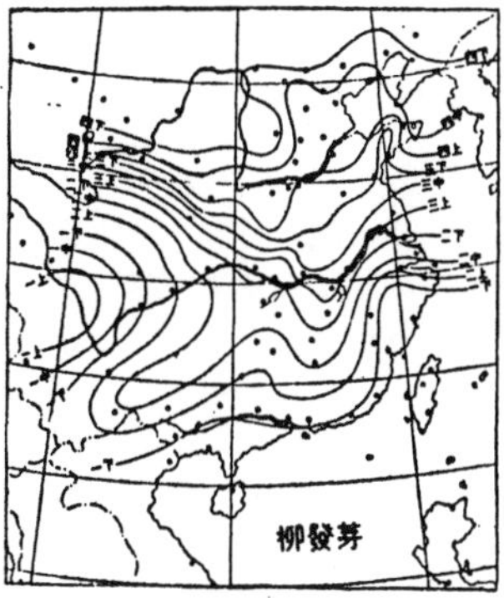

柳發芽同時線分佈圖

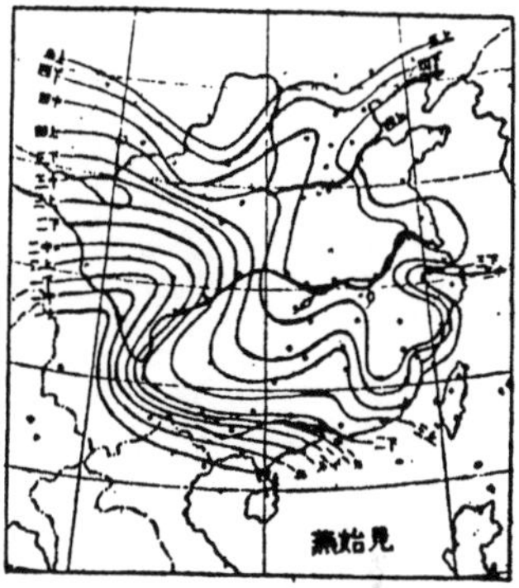

燕始見同時線分佈圖

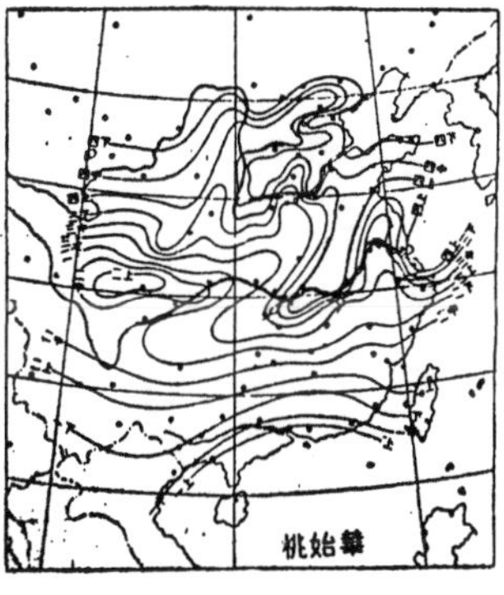

桃始華同時線分布圖

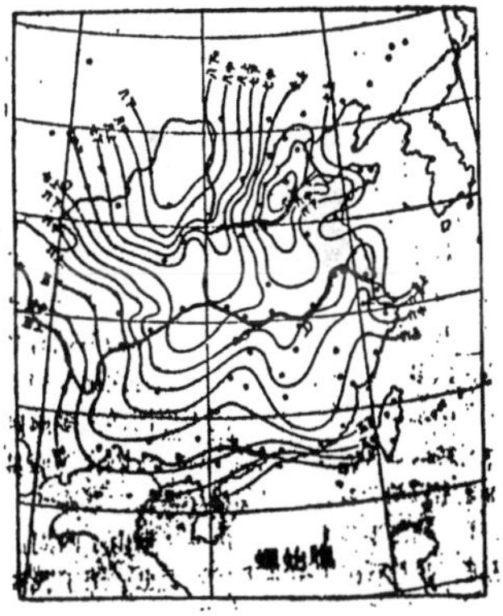

蟬始鳴同時線分佈圖

物候爲何會有如此參差不齊的表現呢？八、九百年前沈括曾詳加解釋：「緣土氣有早晚，天時有愆伏。如平地三月花者，深山中則四月花。白樂天遊大林寺詩云：『人間四月芳菲盡，山寺桃花始盛開。』蓋常理也，此地勢高下之不同也。如筀竹筍有二月生者，有三、四月生者，有五月方生者，謂之晚筆。稻有七月熟者，有八、九月熟者，有十月熟者，謂之晚稻。一物同一畦之間，自有早晚，此物性之不同也。嶺嶠微草，凌冬不凋，幷汾喬木，望秋先隕，諸越則桃李冬實，朔漠則桃李夏榮，此地氣之不同也。一畝之稼，則糞漑者先牙，一丘之禾，則後種者晚實，此人力之不同也，豈可一切拘以定月哉？」（夢溪筆談卷廿六）換一句話說，高度、緯度、生物品種、栽培技術不同，物候也就隨着有所差異，這樣的見解在今日看來還是相當正確而閎通的。物候既然隨時隨地而變化，我們自然也當因時因地作精密的觀測與紀錄，運用起來才不致有所扞格。如果以爲夏小正的物候或後世的七十二候可以俟諸古今而不惑，放諸四海而皆準，那就難免見笑於大方了。

二、氣　象

氣象是大氣所表現的現象，諸如溫度、溼度、雨量、氣壓、風力、風向……，皆在今日氣象學家研究的範圍之內。古人對風雲的變幻、寒燠的移易、雨旱的更迭一向十分注意，只是他們的觀測與紀錄遠不如今日精密而已。在夏小正中，除了透過動植物來間接表現氣候之外，對氣象的變化也有一些直接的紀錄：

㈠氣溫

地球表面大氣層的溫度隨着晝夜、陰晴、高度、緯度而升降，四季的遞嬗也就由此產生。我國北方位居溫帶，冬寒夏熱，春秋暖和，四季顯得特別分明。此一基本特質，從古到今，並無二致。夏小正裡，正月寫「啓蟄」、「魚陟負冰」、「寒日滌凍塗」、「農及雪澤」，表示大地春回，積雪漸融，冬蟄的各種動物即將恢復活動，農夫們也急急忙忙下田耕作。到了三月，記「頒冰」，表示天氣已相當暖和，需要使用貯藏的冰塊。九月記「王始裘」，表示秋深天涼，需要準備寒衣。十二月記「於時月也，萬物不通」（傅崧卿等以此爲經，有些學者則認爲是傳），表示天寒地凍，雨雪霏霏。像這些，不是與今日的情況都相當接近嗎？

夏小正時代實際的氣溫與今日相較，高下若何，我們無法確實知道。不過，胡厚宣主張先秦時代黃河流域的氣候較今日爲暖，他有七個證據，一曰川流之特多，二曰湖泊之普遍，三曰地勢之卑洳，四曰古人之居丘，五曰蠶桑之業，六曰稻之生產，七曰竹之生產。他進而認爲甲骨文時代也較今日爲熱，其證有八：一曰雨雪之記載，二曰聯雨之刻辭，三曰農產之栽培與收穫，四曰稻之生產，五曰水牛之普遍，六曰兕象之生長，七曰殷墟發掘所得之哺乳類動物群，八曰殷代之森林與草原（詳見氣候變遷與殷代氣候之檢討）。在夏小正中，有些資料似乎可以和他的說法作爲桴鼓之應：

1.二月「往耰黍禪」：金履祥云：「二月漸暖，耰黍者可單衣也。」（夏小正注）今日北方二月不宜種黍，更不宜穿著單衣，但殷人種黍恒在一、二月（見胡厚宣卜辭中所見之殷代農業），管子輕重篇也說：「日至百日，黍秫之始也。」可見先秦天氣較暖和，可以種早黍，下田力作時，甚至可以只穿單衣。

2.三月「攝桑」、「妾子始蠶」、「執養宮事」：當時北方蠶桑之業十分發達，由此可以覘見。但蠶之生育，以高溫、濕潤多雨之氣候爲最宜，而桑亦須栽植於土壤肥沃、灌漑便利、氣候較暖之區域。今日我國蠶絲主要產地已轉至長江、粵江流域，而不在黃河流域，即氣候已有變遷之故。

3.九月「熊羆貊貉鼶鼬則穴」：貊就是貘，與兕、象等一樣，是屬於南方熱帶之哺乳類動物，今日北方並未出產，夏小正中提到貊，當時氣溫應該較高。

4.正月「柳稊」、「梅杏杝桃則華」、二月「來降燕乃睇」、五月「良蜩鳴」、「唐蜩鳴」：今日黃河流域柳發芽爲三月，桃樹開花爲二月下旬或三月，燕子始見爲三月，蟬開始鳴叫爲六月，都比夏小正的記載晚一至二月，依此推算，當時之年平均溫約比現在高攝氏二度。

當然，夏小正紀錄的地區若爲淮海一帶，其溫度自應較黃河流域爲高，但上述的這些現象還是無法完全依靠地理因素加以解釋，古今溫差的可能性依舊是無法排除的。

㈡風向

在甲骨文中，四方之風都有專名，即東風曰劦，南風曰岊，西風曰夷，北風曰殴，與山海經、尚書堯典可以相互參證（詳見胡厚宣甲骨文四方風名考證）。風力的大小，也可分爲小風、大風、大掫風、大颼數級，俱見殷商時代對風已有相當深入的認識。而令人遺憾的是夏小正中有關風的紀錄僅有正月「時有俊風」一節，而且俊風是何方之風，學者們還爭論不休呢！傳文云：「俊者，大也。大風，南風也。何大於南風也？曰：合冰必於南風，解冰必於南風；生必於南風，收必於南風，故大之也。」這種解釋有許多學者不表贊成，如孔廣森云：「此傳似失其義。山海經曰：『東方曰折，來風曰俊。』然則俊風者，東風也，月令所謂『東風解凍』。」（大戴禮記補注）他的主張，贊成的人極多。此外，李調元夏小正箋認爲俊風是東南風，安吉夏時考認爲是西南、東南風，徐世溥夏小正解認爲是和風，諸錦夏小正詁認爲是東北條風，衆說蠭起，一時南風舊說宛若失所依據。其實，經文言「時有」就是偶然有的意思。冬季，我國北方固多東風，但天候萬變，風向豈有固定不移之理，此時偶有南風是不足爲奇的，正中版中國氣候總論第八節云：「昔人論季風多僅以風向之更迭爲依據，而不深究其稟性，流風所被，遂至以爲凡偏北風盡冬季風，凡偏南風皆夏季風。實則一地瞬間之風向，僅因當時氣壓之分佈而定。」小正的南風是言其變，月令的東風是言其常，兩者並不相妨。楊愼云：「今老農占驗歲首數日有南風，以爲大熟，其相傳也久矣！」（升庵外集卷三十五經說）邵自昌也說：「冰非南風不結，今時猶然。」（洪震煊夏小正疏義引）可見傳文的解釋還是有相當道理的。後世左傳隱公五年、國語周語、呂氏春秋有始覽有八風之說，唐李淳風乙巳占有廿四風向之說，對風向的觀測，當然比夏小正完密多了。

㈢雨旱

我國氣候屬大陸性季風型，雨澤之取源，以東南海洋爲主。北部地區季風特著，雨量多寡，幾乎全視夏季季風之強弱及莅止時間爲依歸。因而變率極大，常有水災旱災的問題，中國氣候總論第二十九節云：「不論平均雨量之多寡，變率大至廿五%以上，農事即將受害。若達四〇%，不以人力補救，則將無收穫之可言。」在夏小正中，三月記「越有小旱」，四月記「越有大旱」，七月記「湟潦生苹」「時有霖雨」，可見當時雨量也是集中在盛暑初秋，而暮春初夏則有乾旱現象。水則遍地澤國，旱則荒地千里的情況，想必是與後世相近的，只是雨量多寡不可知而已。據竺可楨之統計，自西曆紀元至十九世紀，全國大旱凡九八四次，洪水凡六五八次，旱災以華北爲烈。今後防治之道，應該重視氣象之研究、水利之興修，否則，像古人那樣一味求神拜佛，燒香禁屠，於事何補？

陸、夏小正之人文

人類以七尺之軀頂天立地，以文明的炬光輝映宇宙，這是任何飛潛走伏之類所望塵莫及的，難怪人類要以萬物之靈自居，甚至要與天地並稱爲三才了。易繫辭云：「易之爲書也，廣大悉備，有天道焉，有人道焉，有地道焉，兼三才而兩之。」夏小正以小名書，廣大悉備自然是談不上，而其記天象，載物候，錄人文，倒也可以算得上三才兼具。在人文方面，小正是「空處較多，實處較少；旁面較多，正面較少。」（曾文正公全集己未八月日記評書經、左傳語）如果信手翻閱，實在微不足道，但若仔細撢研，卻可以有不少發現。茲就民生、社會、產業、禮儀、政事五方面加以析論，以證吾言之不虛。

一、民　生

㈠飲食

國以民爲本，民以食爲天，夏小正記天時、載物候，都是爲了農事，換句話說，民生問題是最受重視的。傳文在正月農率均田、三月攝桑、祈麥實、五月乃瓜、九月樹麥，都以「急」字解之，其意即在此。

民食可分爲飯食、菜肴、飲料三大類。飯食即人類用以充饑的穀物，所謂主食是也。穀物最重要的有麻黍稷麥豆，也就是周禮天官疾醫鄭玄注、靈樞經、大戴禮記曾子天圓盧辯注、漢書食貨志顏師古注所稱的五穀。這五種穀物在夏小正中提到的只有黍、麥、菽（大豆）三種。錢穆云：「其爲古代中國主要之民食者，兩周以前，決然爲黍稷。……而自春秋以下至於戰國，農作物之主要者，漸自黍稷轉而爲粟麥。……若至於稻米文化之在中國，則其興起更在後。」（中國古代北方農作物考）胡厚宣卜辭中所見之殷代農業、郭寶鈞中國青銅器時代、何炳棣黃土與中國農業的起源則以爲先秦時麥子種植不易，較爲稀貴，並非一般人所能常食，所以夏小正時代，黍可能比麥更爲普及。當時的人食用黍、麥、菽等穀物時，僅除去粗殼，不像今人食精米或白麪粉。烹治的方法，或用鬲煮成濃饘、稀粥，或用甑甗蒸成乾飯，前者較爲省時、省事、省糧，是一般人常使用的（詳見許倬雲周代的衣食住行）。因而正考父「饘于是，粥于是，以餬於口」，夏小正五月也記載「菽糜」（煮大豆稀飯）。將穀物磨粉製餅的紀錄，首見於揚雄方言：「餌謂之糕，或謂之粢，或謂之䬴，或謂之餣，或謂之䬧。」先秦可能還沒有這種食法。至於麻稷禾芑稻粱等穀物屢見於甲骨文及詩經，夏小正時代應該也都一應俱全，只是沒有記載而已。

穀物中主要的成分是糖類，其他的營養如蛋白質、脂肪、維生素及礦物，則有賴於蔬菜、肉類、水果等菜肴來補充，這些菜肴是用以佐餐的，即所謂副食是也。今日我國常見的蔬菜約一百六十種，有許多是秦漢以後才引進的。在詩經一百四十二種植物中作爲蔬菜的僅約二十餘種。漢以前最主要的蔬菜應該就是素問所謂的五菜——葵藿薤葱韭，而夏小正僅提到其中的韭，當然這也是紀錄不夠完備的緣故。古時園藝較爲落後，除了少數的栽培蔬菜之外，只要是無毒、無刺、無毛、無臭的野生植物，無不可採擷食用。如果站在這個角度來看，夏小正裡可充作蔬菜的起碼還有芸（芸香）、堇（堇菜）、蘩（白蒿）、王萯（王瓜）、瓜、菽（大豆）、萑（荻）、葦（蘆）、鞠（菊）、卵蒜（小蒜）。韭一種久生，割取無時，生食、熟煮、菹藏無所不宜；卵蒜可以調鼎，可以作菹，與韭同在五辛之列；瓜或生啖，或煮炒，或淹漬，以之佐穀，其用最廣，它們都是最重要的蔬菜固不待言。芸，呂氏春秋本味篇視爲菜之美者；蘩，左傳謂可薦鬼神、羞王公；堇，詩大雅緜篇以爲其甘如飴，夏小正一概採爲豆實，當然也都是理想的蔬菜。此外，王萯之根、菽之苗葉、鞠之嫩苗、萑葦之萌芽，也都可以食用，在蔬菜貧乏的古代，想必不會爲人們所遺漏。

肉類可作成肉乾、肉醬、肉羹，其主要來源應數六牲——牛羊犬豕馬雞。我國早在四、五千年前，六牲即已齊全，而夏小正提到的僅有羊、馬、雞三種。其實，見於該書的其他許多動物也都可以作爲佐餐的材料，如鳥類的雁、雉、鳩、燕、鴽（鵪）、鴻、雀，獸類的貍、鹿、熊、羆、豺、麇，蟲類的蜩（蟬）、浮游、蚳（蟻卵），魚類的鮪（鱘）、鱓（鼉龍）、蛤、蜄（大蛤）。它們大部分還曾列在禮記曲禮的祭品單、內則的宴客菜單之內呢。其中的燕窩、熊掌直到今日還列爲珍品。當然，也有些在我們今天看起來覺得不可思議，如蚔、蜩、浮游都是。對於這點，陳啓源曾詳如臚擧，他說：「荇藻蘋蘩，古以奉祭祀，周召二南草木疏亦言其甘美可食，今此四草無一堪供七箸。內則養父母，枌榆列於珍味，今惟荒歲飢民始食其皮。月令五時之穀不數稻而數麻，今惟緝其皮爲布。稷爲五穀長，後世或不能辨其品。周禮醢人饋食之豆有蚔醢，禮記人君燕食之庶羞有蝸醢及蜩蒩。蚔者，螘子；蝸者，蠃也；蜩者，蟬也；蒩者，蜂也，以此列之盤案，今人有對之欲嘔耳。」（毛詩稽古編）正因爲蚔、蜩之類後世都已退出食物範疇，有許多注家對夏小正傳以「爲祭醢也」釋「抵蚔」大不以爲然。殊不知蟻卵作醬，嶺南仍存其俗，如唐段公路北戶錄、劉恂嶺表錄異記、宋張師正倦游錄都迭有紀錄，可見古人取爲食物，並不足駭異。蓋飲食是與時而俱進的，物性的標準是變動而不居的，我們怎可執今以律古呢？

水果之見於夏小正者有梅、杏、桃、桑、瓜、棗、栗，這些乾果在周禮籩人、禮記內則裡也有記載，今日，我們仍繼續食用，當然不太有爭議。唯六月煮桃，傳文以「桃也者，杝桃也；杝桃也者，山桃也。」解之，黃叔琳夏小正註、王筠夏小正正義等曾提出質疑而已。蓋山桃在後世只用以接枝，而不入食，這可能也是與蚔醢的情況相類似吧？

飲料最重要的是茶、酒與乳酪。唐以前只有外族飲食乳酪，漢族是沒有這種習慣的。茶字在先秦典籍裡也從未出現過。據日人北村四郎「茶與山茶」一文的考證，我國在商周時代係以荼（苦菜）爲飲料。此時北方尚未知有茶，等到茶由南方傳到北方時，北方尚無茶字，便假借草本的荼字，由荼變茶，約發生在漢代。夏小正四月「取茶」，傳文云：「以爲君薦蔣也。」七月「灌茶」，傳文云：「茶，萑葦之秀，爲蔣褚之也。」有許多注家不表贊同，如金履祥夏小正注、王聘珍大戴禮記解詁以爲茶就是苦茶，誠如其說，倒也可充當飲料。而徐世溥夏小正解、朱駿聲夏小正補傳等逕自解爲茶，恐怕就非先秦所宜有。又，三月「采識」，沈維鍾云：「郝氏懿行謂京師人以之充茗飲，此古人所以采之歟？」（夏小正條考）如果其說可信，那識（龍葵或苦蘵）又是一種飲料了。至於酒，只有正月提到「初歲祭耒始用暢」，暢就是鬯，是用黑黍、香草合釀而成的名酒，十分貴重，惟祭祀、賞賜時使用，普通人所喝的大概就是黍之類所釀的酒。釀酒在我國已有幾千年的歷史，早在新石器時代龍山文化時期，即已開始採用穀物作爲釀酒的原料。殷人更是以嗜酒聞名，近世出土的尊、斝、盉、卣、爵、角、罍、觚、觶等商代酒器數目極多，即爲明證。周禮也分酒爲冷齊、醴齊、盎齊、醍齊、沈齊五級，可見夏小正時代的酒類當不在少數，可惜文獻不足，無可徵考。

(二)其他

與飲食的材料相較，夏小正中有關衣飾、宮室、舟車的記載就顯得貧乏多了。

先秦的服飾，名目繁多，如首服有冕、弁、冠、巾、幘，衣裳有玄端、深衣、袍、裘、裳、袴，帶有紳、鞶，鞋有屨、舄、履、蹝、屐、鞮，飾物有組、帶鉤、劍、笏、佩巾、小刀、火石、火鑽等。在夏小正經文中卻僅提到「王始裘」，裘，是禦寒的皮毛外衣，材料用羔、犬、狐、貉、麑、貂均可。行禮或接見賓客時，其外往往又加上一件裼衣，兩者顏色要相配，所以論語鄉黨說：「緇衣，羔裘；

素衣，麑裘；黃衣，狐裘。」在傳文中與衣飾有關的也僅有二月「綏多士女——綏，安也。冠子取婦之時也。」既有冠禮，當然有冠。冠是貴族男子所戴的帽子，上有冠梁，中有冠圈，下有冠纓，種類非一，質料和顏色不盡相同。行冠禮時，先加緇布冠，次加皮弁，最後加爵弁。廣義的冠包含冕弁在內，形制就更複雜了。

在衣飾的材料方面，夏小正三月云：「攝桑」、「妾子始蠶」、「執養宮事」，五月云：「啓灌藍蓼」，八月云：「玄校」，將這幾節貫通觀之，就可發現當時蠶絲、染色之業都已相當發達。先秦的絲織品有繒、帛、素、練、紈、縞、紗、絹、縠、綺、羅、錦等，顏色玄、素、朱、黃、青、綠、紫一應俱全。見於夏小正的只有藍、玄、綠三色，而絲織品自在其中。動物的皮毛也是製衣的好材料，夏小正所提到的獺、羔、羊、狸、鹿、熊、羆、貉、麋，在當時想必都能物盡其用。很奇怪的是，與一般平民衣著關係最密切的纖維作物，如麻、苧、葛、蕡、楮、芷、菅、蒯等，反而不曾一見。至於棉花，遲至隋唐以後始從印度經中南半島輸入我國，夏小正當然不可能提到它。四月云：「取荼——荼也者，以爲君薦蔣也。」七月云：「灌荼——灌，聚也。荼，萑葦之秀，爲蔣褚之也。萑未秀爲菼，葦未秀爲蘆。」如果傳文的解釋無訛，那灌荼就是周禮地官掌荼的「掌以時聚荼」，也就是聚集萑葦的花穗，以便塡製茵席，在缺乏木綿之利的古代，茅秀葦苕的用途自然較後世爲廣。

爾雅釋宮云：「宮謂之室，室謂之宮。」先秦宮室同指一般的房屋住宅，並無貴賤之分。夏小正全文中與宮室有關的文字只有三月：「執養宮事」，此節緊接在「妾子始蠶」之後，大部分的注家都認爲「宮事」就是「蠶事」，因而「宮」就是指「蠶宮」而言，並非一般人所住的房宅。不過，早在五、六千年前新石器時代，我們的祖先就住在半地穴式及杆欄式（樁上）建築裡，並且已有夯土版築。殷代甲骨文有宮、室、宅、家、牢、圂，周易有門、庭、家、屋、廟、宮、戶、牖、階、墉、城、藩、牀、枕、廬、隍、井、穴等字樣，更是早已脫離構巢、穴居的生活，所以夏小正時代應有各式各樣的宮室，殆無疑義。

夏小正十一月云：「於時月也，萬物不通。」這可以指「天氣上騰，地氣下降，天地不通，閉塞而成冬。」（呂氏春秋孟冬紀）也可以指天寒地凍時節，人類及生物的行動不能暢通無阻。有了交通問題，舟車當然更爲需要。四月云：「執陟攻駒」，五月云：「頒馬」，十一月云：「王狩」，有田狩，有馬，而且敎駒服車，當時的車馬想必已相當發達。相傳夏代奚仲已發明車駕，近來考古資料，古車遺跡遺物數見不鮮，殷周車制甚至可以復原，就是一個最好的旁證。易繫辭云：「刳木爲舟，剡木爲楫，舟楫之利，以濟不通。」七千年前的浙江餘姚河姆渡遺址，五千年前的杭州水田畈錢山漾遺址，都發現了木槳，殷商已有木板船，春秋戰國時更出現了樓船、橋船。夏小正既提到淮、海、當時一定也有舟楫之利。

二、社　會

(一)農業社會

人類社會的演進，是由漁獵而畜牧而農業而工商業，任何民族都不例外。夏小正全文係以農業生產為主體，王寶仁云：「除田曰均：公田曰服，尊農事也；束耒用緯，耰黍而禪，貴農器也；寒滌凍塗，火中雪澤，著農時也，一曰農率，再曰農及，重農之意切矣！」（程鴻詔夏小正集說引）甚至所載的天象、物候，也莫不與農業生產息息相關，若說夏小正所代表的是一個典型的農業社會，相信任何人都不會提出異議。問題只在於這一個社會到底是處於什麼時代？

如果把夏小正的下限定在春秋時代，那也不會引起任何爭議。因為周朝以農起家，從傳說的后稷起，中經大王、文、武以迄東西兩京，農業經濟都是一脈相承，未嘗中斷，我們只要看看詩、書中所載當時作物種類之多，農業技術之精，生產規模之大（詳見陳榮照詩經中有關周代農事史料之探討），再看看大量周代石、骨、銅、鐵農具的出土，就可了然無疑。

倘使將夏小正的時代像清儒那樣定在夏朝，由於文獻不足，勢必有所窒礙。但若說夏小正的某些農業資料是西周，甚至是殷、夏之遺（正如其星象記載包含某些上古天文資料一般），是否就完全講不通呢？我想未必然。西周農業極其發達，已如上述。至於殷商究竟是農業社會還是遊牧社會，則有許多爭論，如程憬殷民族的氏族社會、萬國鼎中國田制史、陶希聖婚姻與家族、郭沫若中國古代社會研究、吳其昌甲骨金文中所見之殷代農稼情況，都以為當時雖有農業而不甚發達，還屬於遊牧時代。對於他們的主張，胡厚宣殊不以為然，曾撰寫了十二萬言的長文，詳加批駁，並進一步引用大量的史料，來加以反證。他說：「余嘗籀繹卜辭，探求古史，見殷代雨量豐富，氣候暖和，曆象知識發達，最適於農業之改進。其農業區域，東至海，西至今之陝西興平，北至今之山東臨淄，南至今之河南淅川。其耕種所在，見於卜辭者，地凡二十有一。殷王封建諸國，諸國則貢禾麥於殷王。王畿以內之田，則有農官掌之。耕作者乃民衆，率領監督及省察者則爲農官，爲史臣，或即爲王之本身。銅製之耒或犂，乃殷人最普遍之農具。曳之者，除人外，尚有犬與牛。農產品以黍稻爲最普通，稗間亦有之，麥則爲較稀貴之物。用農產品所釀作之物，有酒，有醴，有鬯。黍麥之熟，往往先登祭於先祖。酒醴鬯者，尤爲全國人民之所嗜，諸種祭典之所必需。而卜辭中求雨，求年之祭，受黍、受糧、受年之貞，乃多至數百見，則殷代農業之發達與重視，以及農業必爲殷人之主要生產可知矣！」（卜辭中所見之殷代農業）後來陳夢家的殷墟卜辭綜述、島邦男殷墟卜辭研究也都採取同樣觀點，所以殷代爲農業社會的說法，現在已爲一般學者所普偏接受了。殷墟以前，我們迄未發現直接的古文字記載，但農業社會的演化是相當緩慢的，卜辭時代的農耕既已相當發達，則其前三、四百年的夏代，應該也不致過份落伍才對。近年考古學家在新石器時代的遺址，如西安半坡、浙江餘姚河姆渡、湖北京山屈家嶺、山東歷城龍山鎭、河南偃師二里頭，陸續發現不少人工培植的粟和稻穀等作物，以及石、蚌、骨製的農具（詳見蕭璠先秦史），越來越多的證據顯示，早在五、六千年前，農業已是人們經濟生活的基礎。這一本質亙數千年而不變，我們雖然無法確切指出夏小正有多少農業材料是上古之遺，但至少可以說夏小正所描繪的農業社會風貌是源遠而流長的。

(二)非奴隸社會

近年，有少數學者認爲夏小正裡實施奴隸生產制度，如于省吾云：「『綏』字古文作『妥』者，取義于俘女。『綏』字也作『縘』或『傒』者，均爲縛係之義，訓同而字異。至于『士女』的訓解，或爲未婚的男女，或爲夫婦，或爲被俘掠的壯年男女，或爲壯年的男女奴隸，此文之『綏多士女』，則專就壯年男女之爲奴隸者言之。……奴隸們在其被迫從事勞役的時候，通常都是身上帶着鎖鍊或被縲索縛係著的。由此以推，則小正之『綏多士女』，亦正同此意。小正二月先言『往耰黍』，又言『初俊羔』均係敍記農田畜牧之事，下接以『綏多士女』，是說用被索係的許多壯年男女奴隸，以從事于農業和牧業的勞動，這是容易理解的。」（夏小正五事質疑）夏緯瑛也說：「從夏小正有關政事的經文中可以看出，他們實行的是奴隸制度。在正月的經文中有『農率均田』的話，是說農人按照規定分配農田。這種農田，當然不是農人私有的田產，是奴隸主所有的田，按規定分配給農人去耕種的田。這自然就是奴隸制度。再從有關養蠶和製衣的經文中看，三月有『妾子始蠶，執養宮事』的話，可以知道，妾是蠶妾，養蠶的女奴隸，爲尊貴的婦子所監督而進行勞動，直至完成製衣的功事爲止，這就很明顯地可以看出這是奴隸制度。當然，其它的生產工作也是由奴隸的勞動所進行。」（夏小正經文校釋後記）他們的說法乍看相當驚人，其實並無特別的創見，只是在響應郭沫若幾十年前的主張而已。

郭氏在中國古代社會研究一書中，認爲商代和商代以前，都是原始共產社會，西周是一個純粹的奴隸制的國家，在十批判書裡則認爲商代也是奴隸使用社會，像呂振羽、翦伯贊、范文瀾、楊寬等都附和他的說法。殷代眞的是奴隸社會嗎？郭沫若等的根據主要是卜辭中的奴、𡚱、竟、臣、僕、妾、婐、姘、好、禮、妃、㑞、牧、奚、宰、射、衆……諸文，而這些字經胡厚宣殷非奴隸社會論（甲骨學商史論叢初集）、島邦男殷的社會（殷墟卜辭研究第五章）逐一仔細檢討，卻沒有一條是站得住脚的。至於周代奴隸制度論呢？郭氏主要論據有十，即：奴隸買賣、奴隸賞賜、奴隸殉葬、用作犧牲、視同牛馬、用作牧人、農業勞動、徭役勞動、兵役義務、私有財產、有錢贖罪。這些取自周易、詩、書、金文的材料，也被余精一三代奴隸社會說批判（中國農業社會史論第二章）、徐復觀西周政治社會的結構性格問題（兩漢思想史卷一）批駁得體無完膚。所以于、夏二氏的說法自然也隨之根本動搖了。

我們再回過頭來看看他們兩位的說法。于省吾以綏字通緌或係，訓爲縛係之義，頗嫌折繞。而主張「綏多士女」即許多男女奴隸帶着鎖鍊在從事勞役，其錯誤與將甲骨文中的奚字解作俘虜來的奴隸是一樣的（詳見島邦男殷的社會）。夏緯瑛將那些在不屬於自己的田地上工作的農夫以及有貴婦指導監督的蠶妾都視爲奴隸，尤屬荒謬可笑。這些人頂多只能算是農奴、蠶婢而已，他們非財產，有人格，不可買賣，不可讓與，具有相當程度的自由，除一定的貢納與徭役義務外，可以擁有私產，甚至擁有部份私田。他們在經濟上、法律上與奴隸是迥然有別的。如果將這樣的人也當作奴隸，那豈不是整部人類的歷史都是奴隸社會史了嗎？雖然許多人都承認殷周時代的確有奴隸存在，但人數極其有限，只要這些奴隸不是當時生產的主體、政權的基礎，就不能視爲奴隸社會。所以于、夏二氏的看法純屬主觀的臆測，是違反歷史事實的。

那麼，夏小正的社會型態到底是怎麼樣的呢？如果將它的時代定在春秋，我想應該是一個封建社會，可惜我們所能看到的人物，除了農夫、蠶妾、貴婦外，只是王和幾種官吏而已。黃模說：「小正言官者凡四：曰農、曰主夫、曰嗇人、曰虞人。陸、孔以農率即田正，有五；金氏以鹿人爲山虞，有六，此名之昭著者。若占星、入學、用暢、頒冰、頒馬、祭鮪、施糜、始裘、畜牧、爽死、圍囿、田獵、綏士女、陳筋革之類，各有司存。其采蘩、攝桑、始蠶、元校，婦職兼備。于此略見夏后氏官百之制焉。至于羖羊而有獸醫，煮梅而有籩入，鳴蜮而設蟈氏，潢潦而設萍氏，周官之監于夏者，亦可想見矣！」（夏小正異議）他雖竭力牽引比附，還是無法勾勒出一個完整而明晰的社會組織來，所以在這方面就不多談了。

三、產　業

㈠農業

夏小正是農書的嚆矢，它所反映的是典型的農業社會，全文中有關農業的資料可說連篇累牘，不勝枚舉：

1.農產品

人類當作主食的穀物在甲骨文中出現的有黍、稻、麥、秜、嗇、䵚六種；在詩經中出現的有黍、稷、麥、禾、麻、菽、稻、秬、粱、芑、荏叔、秠、來、牟、稌十五種。夏小正卻只紀錄了黍、麥、菽（大豆）三種，當然不是說當時穀物僅止於此，而可能是意謂這三種最具有代表性。所以早在殷墟卜辭裡，立黍、省黍、挈黍、登黍、告麥、食麥、食來、登來等的紀錄就層出不窮，何炳棣也說：「由粟、黍、稷組成的『小米群』，終先秦之世，是華北農作系統的重心。」又說：「自史前即已開始的蠶桑，和原生於我國東部，經過長期馴化育種始見於西周文獻的大豆，也都表明我國古代農作系統的『區域性』和『獨立性』。」（黃土與中國農業的起源全刊小結）

除穀物外，正月云：「囿有見韭」，四月云：「囿有見杏」，五月云：「啓灌藍蓼」，可見當時已有園藝作物。蔬菜方面的韭、瓜、卵蒜，果樹方面的梅、杏、桃、桑、棗、栗，染料植物的藍蓼，想必都已是人工培植。至於其他可當蔬菜的芸、堇、蘩、王萯，可作飲料的識，可供沐浴的蘭，可充木材的柳、楊、桐等，究係園藝，還是野生，就不得而知了。

2 農具

生產農作物時需要種種工具，它們是顯示生產方法最具體的標幟。夏小正與農具有關的僅有正月的「農緯厥耒」、「初歲祭耒」、二月的「往耰黍禪」。耒，說文云：「手耕曲木也。」其起源甚早，在牛耕盛行以前，一直是最普偏的耕地農具。昔人往往將耒耜混爲一物，謂耒爲耜上之勾木，耜爲耒下所附之刃。徐中舒耒耜考則認爲二者判然有別，耒下歧頭，耜下一刃；耒爲仿效樹枝式的農具，耜爲仿效木棒式的農具；耒爲殷人習用，殷亡之後，即爲東方諸國所承用，耜爲西土習用，東遷以後，仍行於泊渭之間；耒後變爲鍬臿，耜後變爲耕犂，二者各有其演進的道路。甲文的耤作，即象人持耒耕作的形狀。使用這種農具時，須以手持柄，以脚踏耤柄下的橫木，將鋒刃刺入土中向前推，然後向外挑撥，把土發掘起來。掘一塊，退一步，和犂耕向前推動的方法不同，所以淮南子繆稱篇說：「織者日以進，耕者日以卻。」而且手足必須並用，較爲費力，因而常常是採取耦耕的方式。耰，用以擊碎土塊和散土覆在種苗之上，俾使土壤鬆疏，以保持水分及培土附根，是中耕的重要農具。古人在耕作時，往往隨耕隨耰，同時進行，論語微子篇云：「長沮、桀溺耦而耕。」隨即又云：「耰而不輟。」大概就是這個緣故。

新石器時代遺址出土的農具已有石鏟、石鋤、木耒、骨耜，殷墟也發現了許多蚌、石製的鎌、銍、鏟，詩經更提到了耜、銍、錢、鎛等。夏小正僅紀錄耒、耰兩種，當然也是擧其要而已。特別值得一提的是：夏小正言耒不言耜，與徐中舒所謂耒爲東方農具，耜爲西土農具的說法正可相互發明。另外，最容易令人聯想到的問題是：當時究竟有無銅製甚至鐵製的農具呢？如果夏小正的成書時代定在春秋，答案無疑是肯定的；若定在西周或殷以前，那就比較容易引起爭議了。如胡厚宣卜辭中所見之殷代農業主張殷代已有銅製農具；郭鼎堂中國古代社會研究主張周初已有鐵製農具，而陳夢家殷墟卜辭綜述、李劍農先秦兩漢經濟史稿卻持不同的見解，可說迄無定論。

3.農技

陳榮照云：「周代的耕作技術，從開墾荒地、規劃農田、疏鬆土壤、選時播種、去草除蟲以至灌溉施肥和休養地力的方法的利用等等，甚爲完備，而且已達到相當高的水平。」（詩經中有關周代農事史料之探討）夏小正時代的農業技術應該已經相當發達，可惜我們所能看到的也僅是吉光片羽，如正月「農緯厥耒」，農夫修整農具，固可耕耘舊田，也可開墾荒地。三月「往耰黍禪」，以耰擊碎土塊，散土覆種，旨在疏鬆土壤，使苗種容易吸收水分和空氣；仲春就準備種黍，對農時的把握及種子的選擇當然都已注意到了。正月「農率均田」，傳文以除田釋之，就是除去雜草，以免吸去土壤中的水份和養料，影響苗的生長；斷了根的雜草可加以腐化，作爲肥料；如果再畜糞施肥，那種苗的養分就更充足了。正月記「田鼠出」，三月記「縠則鳴」，其目的即在提醒大家對鼠害、蟲害的注意，可以像詩經小雅大田「秉畀炎火」那樣採取用火誘殺的方法，或像周禮秋官那樣用牡菊來觸殺、薰殺螟蝗之類。正月「農及雪澤」，農夫汲汲於雪融之時準備春耕，當然是那時疏濬溝洫、引水灌溉最爲方便。五月「啓灌藍蓼」，先蒔苗於畦，再分別移植，使藍蓼行列稀疏，得到充分發育的空間，這已是相當進步的措施。五月「煮梅」、六月「煮桃」、八月「剝棗」，將收穫的農產品或煮以卵鹽，或剝削淹漬，以便久蓄，這都是現在所謂的農產品加工。從上述的這些零星紀錄裡，我們對夏小正時代的農業技術也可略窺一斑了。

4.農時

農業社會特別重視農業季節的把握，春生、夏長、秋收、冬藏，各有其序，才有豐年的可能。呂氏春秋審時篇云：「得時之稼興，失時之稼約。」王禎也說：「四時各有其務，十二月各有其宜。先時而種，則失之太早而不生；後時而藝，則失之太晚而不成。故曰：雖有知者，不能冬種而春收。」（農書農桑通訣）夏小正除了觀象授時以審寒暑、正節氣外，還詳載物候，幫助人們對季節的認識與預知。其目的無非是在提醒大家要把握時節，妥善安排各種農業活動，於是正月「農緯厥耒」、「農率均田」、「農及雪澤」、「初服于公田」，二月「往耰黍禪」，三月「采識」，四月「取茶」，五月「啓灌藍蓼」……耕耘、收穫各種作業都紛紛展開。眞是做到孟子所謂的「勿奪農時」，荀子所謂的「以時順修」。後世四民月令、四時纂要、農桑衣食撮要、經世民事錄、農圃便覽之類的農書，把每個月需做的農業生產操作事項，按照輕重緩急的次序，逐項寫出，就是貫徹這種精神的具體表現。

5.農制

夏小正正月云：「農緯厥耒」、「農率均田」，孔穎達禮記正義、黃叔琳夏小正註、孔廣森大戴禮記補注、黃模夏小正異義等以爲農或農率就是農官。十一月云：「嗇人不從」，宋書升夏小正釋義以爲嗇夫就是田畯。他們的說法雖然不能被所有注家接受，但是早在商代就有小耤臣、甿之類的農官，詩七月、甫田、周禮籥章也有田畯，則夏小正時代有許多農官負責指導、監督農民從事生產，是十分合理的。

正月又云：「初服于公田——古有公田焉者，古言先服公田而後服其田也。」此與詩小雅大田：「雨我公田，遂及我私。」管子乘馬篇：「正月，令農始作，服于公田。」的記載是相同的。過去有許多學者喜歡拿它來作爲井田制度論的佐證，也有不少學者懷疑井田制度僅是孟子個人的託古改制（詳見陳瑞庚井田問題重探），這是一個紛拏難決的疑案。孟子所講，容或過分整齊化、制度化、理想化，但古時民衆對公家一向有服勞役的義務，在私有土地制未發生以前，一方面由農民共同耕種公家的田地，另一方面由公家分田給農民耕種自贍，以爲報償，似乎是有可能的。

㈡蠶桑

我國是最早發明養蠶、種桑、織絲的國家，世界各國的蠶桑技術都是直接或間接由我國輸入的，這是我們祖先對人類文明的偉大貢獻之一。山西夏縣西陰村新石器時代遺址裡就曾發現一個人工割裂的蠶繭，浙江錢山漾遺址也曾有絹片、絲帶、絲線出土，每方吋密度高達一二〇根，眞是技術驚人。殷代故墟不僅有玉蠶、蠶紋裝飾，甲骨文更有桑、蠶、絲、糸、帛及其孳乳字一百多個。詩經中提到蠶桑紡織之事的，也不少二十餘篇，足見殷周時代蠶桑之業在產業結構裡已占有相當重要的地位。夏小正三月云：「攝桑」，表示暮春時節桑芽轉青，開展如鑷，正是蠶種催青的適當時期，於是緊接着「妾子始蠶」、「執養宮事」，鄒景衡云：「古人發明將野蠶改成家飼之後，經多年之經驗，而知保護蠶種之重要，且知將蠶種人工加溫（術語爲「催青」，俗稱「暖種」），藉以控制蟻蠶孵化之時間，俾與桑葉之發育能相配合。……（傳云）『急桑』者，謂桑綻如鑷，已屆始蠶（催青）之期，時乎不可緩也。蓋早生蠶，則大眠時上簇期，可不與梅雨相値，而使蠶作安定，繭質佳良。但過早則桑葉不經濟，甚至苦於缺葉，以至蠶飢。故須配合適當，庶免其害，而蒙其利。」（夏小正攝桑考）能將桑葉的生長與蠶種的加溫密切配合，正是蠶桑技術已相當進步的明證。至於「執養宮事」，顯示當時已有蠶室，而且由貴婦與蠶妾進行大規模的養蠶工作，則蠶架、蠶箔等專門工具，改良桑株、「奉種浴于川」（禮記祭義語）、防治蠶病等專門技術應該都早已具備。

㈢畜牧

早在新石器時代，我國就已經飼養家畜、家禽。如陝西半坡、姜寨、浙江河姆渡等原始遺址中，就發現不少豬、狗、羊、雞和水牛的骨骼，以及飼養家畜的欄圈、堆積的家畜糞便。稍晚的龍山文化遺址裏也發現馬骨，足證我國至遲在四千多年前已經完成了六畜的馴化和飼養。夏小正時代農業十分發達，畜牧早已退居產業的次要部門，但畜牧不僅可供人類服御、食用，在祭祀時也少不了它，當時人們生活安定，需求亦多，畜牧的技術必然是相當進步的。正月云：「雞桴粥」，雞知時，抱卵生育也有定期，因而引起人們的注意。二月云：「初俊羔助厥母粥」，三月云：「䍧羊」，羊爲吉祥動物，三月「頒冰」時獻羔祭韭需要用它；暮春時節，羊群來往相逐，表示天氣已經暖和，所以都特別提及。馬用途更廣，介紹尤爲詳細，四月云：「執陟攻駒」，五月云：「頒馬」，執陟是拘執春情發作而騰躍的小馬，一方面免得它接近而踢傷懷孕的母馬，另一方面也是它長得不夠強壯，還不宜配種。攻駒據傳文的解釋是「教之服車，數舍之也。」王筠夏小正正義則以爲此即周禮夏官廋人的「攻駒」、校人的「攻特」，誠如其說，則是當時已知爲馬進行閹割手術，使它性情溫馴，發育健壯。頒馬據傳文是說國君分駒馬給卿大夫使用，也就是禮記月令的「班馬政」。可見當時對馬的飼養、管理、繁殖與使用都已相當講求。十一月云：「王狩」，狩字从犬，田狩須使用獵犬，犬雖未直接提到，必在其中。牛在殷代已大量用於祭祀，至遲春秋時已用以耕田，豬更早在新石器時代就成爲人們的重要肉食，當然夏小正時代數量一定更多，品種一定更加優良。

(四)漁獵

魚類在品味、營養方面都可補禽獸的不足，一萬八千多年前的北平周口店山頂洞人已經食有魚，並且能捕到比較大的魚。三千多年前的商代即已開始用人工養魚。夏小正裡提及淮、海，其時的漁業諒必相當發達。十二月云：「虞人入梁」，虞人即澤虞、漁師、獻人之類的小官，利用冬天去修理魚堰，架設網罟，準備來春捕魚。正月云：「魚陟負冰」、「獺獸祭魚」，即在提醒人們漁撈的季節揭幕了。他們的成果有二月「祭鮪」、「剝鱓」的龐然大物，也有九月「雀入于海爲蛤」、十月「雉入于淮爲蜃」的介類。至於打獵，在農業時代甚至更早的畜牧時代已非人類主要的生產手段，但爲了捕獲奇禽異獸、山珍野味，還是須時時爲之。夏小正十月記「豺祭獸」，也是在表示狩獵的季節來臨了，所以十一月「王狩」，開始展開大規模的田獵。他們的獵物有鳥類的鴻、雁、雉、鷹、鳩、鴽、雀，獸類的獺、狸、麇、鹿、熊、羆、貊、貉、鼬鼪、豺等。

(五)工藝

原始時代，凡事自給自足，簡陋之器物，人人自爲。到了農業社會，生活安定，百技日精，分工也愈趨精細，即以周禮考工記而言，攻木、攻金、攻皮、設色、刮摩、搏埴都各有專人負責，而且講究天時、地氣、材美、工巧四者相合。在夏小正中雖找不出一個「工」字，而各種工藝也有蛛絲馬跡可尋：

1.土工

三月云：「執養宮事」，宮爲蠶宮，連養蠶都有專用的房舍，人們自己居住的宮室更不待言。夯土版築爲三代之主要建築技術，除草頂、樑柱之外，多夯土爲之，夏小正時代當然也不例外。

2.木工

除建築需要木工配合外，舟車、耒耜等更得仰賴木工操作。製車在考工記裡由車人、輪人、輿人、輈人分工合作，對技術的要求相當嚴格，考慮十分周密。耒耜也是由車人負責，唐陸龜蒙耒耜經言之尤詳。

3.陶工

二月「榮菫」、「采蘩」，三月「時有見稊始收」，五月「煮梅」，六月「煮桃」，傳文都以「豆實也」釋之。豆爲食器兼禮器，用以盛放黍稷、羹醢之類，其材料，竹、木、陶、石、金屬皆可。近年新石器時代遺址曾有陶豆出土，殷代的豆也可以陶質最多，揑足、盤條、粘足、連圈各種製法都有（詳見石璋如殷代的豆）。夏小正時代的陶藝應當更爲進步，宮室裡的簠簋甕缶想必爲數不少。

4.金工

我國在新石器時代末期已能利用銅礦石煉製小件銅器，商周時期進入青銅時代，春秋戰國時期更進入鐵器時代。殷墟彝器形式、鏤刻之精巧，東周礦場規模之宏偉，都是有實物可以爲證的。夏小正二月「丁亥萬用入學」需要舞干戚，十一月「陳筋革」需要省兵甲，此外，飲食的器皿，祭祀的禮器，甚至耕耘的農具，也往往需用金屬，則當時有治鑄、鍛造之術可知。

5.革工

二月云：「剝鱓——以爲鼓也。」鼉龍性至難死，須以沸湯灌口，入腹良久才剝其皮，商代有蟒皮鼓，考工記有鮑人專門治皮、韗人專門作鼓。十一月云：「陳筋革——陳筋革者，省兵甲也。」筋所以爲弓，革所以爲甲，考工記有弓人治弓，函人治甲。早在一、二萬年前舊石器時代，我們的祖先就已開始使用弓箭，原始的弓箭用皮條、動物筋或植物纖維繩做弦，與夏小正的記載正相合。九月云：「王始裘」，考工記也有裘人專做皮衣，惜該節文字已亡佚。

6.織工

夏小正時代很重視蠶桑之事，紡織之業必然也相當興盛。我國許多新石器時代的遺址都曾發現紡塼以及原始織布工具。後世紡車、織機、提花機相繼發明，不斷革新，從繅絲、練絲、穿筘、穿綜、裝造到結花本，都十分方便，水準也日益提高。戰國時代絲織品遺物已織斜紋、織提花、還有刺繡，其前的夏小正時代應不致過分遜色。

7.染工

古代染色用的染料，多爲天然礦物或植物染料，而以後者爲主。五月「啓灌藍蓼」所栽培的就是用以染青的蓼藍。八月「玄校」，是用赤黑、蒼黃二色染衣，所使用的可能是梔子、茜草、櫟實、藎草等植物，也可能是赤鐵礦、硃砂、空青、石黃等礦物。爾雅云：「一染縓，再染赬，三染纁。」考工記云：「三入爲纁，五入爲緅，七入爲緇。」以不同的染料不斷地套染，可見先秦的染色技術已十分精湛。

8.釀工

正月云：「初歲祭耒始用暢」，暢即鬯，當時能用香草、黑黍釀造這種用以祭祀的高級香酒，足證技術已頗爲高超。禮記月令云：「秫稻必齊，麴蘖必時，湛熾必潔，水泉必香，陶器必良，火齊必得。」先秦釀酒時對穀物、酒麴、衞生、水質、器皿、溫度都十分講求，在今日看來，還是相當符合科學精神的。

四、禮儀

陳澧云：「大戴記有夏小正，此最古之書，而小戴不取，蓋以其記禮之語少也。」（東塾讀書記卷九）夏小正的確不像月令那樣動輒涉及五禮，因爲它旨在驗時，意不主於禮。但我們若能細心研讀，也可發現不少有關禮儀的材料，如安吉云：「右記二月之候，農功之外，補主政。于綏多士女，見冠昏之禮焉；于丁亥入學，見學校之禮焉；用萬、剝鱓，見樂舞樂器之制焉；俊羔、祭鮪、榮堇、采蘩，見祭祀之重焉。」（夏時考）這些材料眞是「至簡而人不煩，至精而物不隱。」（錢儀吉夏小正疏義序）並不因其文簡事少就可任意忽略的。

㈠昏禮

人類由雜交時代而血族群婚，而亞血族群婚，而一時之配偶，最後才形成固定之夫婦，其演變的過程非常漫長。秦蕙田云：「天地合而後萬物興焉。夫昏禮，萬世之始也，人道之本也。」（五禮通考卷一百五十一）昏禮的意義十分重大，所以古人須鄭重地以六禮——納采、問名、納吉、納徵、請期、親迎來完成這項倫理關係。夏小正二月云：「綏多士女——綏，安也。冠子取婦之時也。」周禮春官媒氏也是在仲春會合男女，鄭玄注遂謂嫁娶必以仲春之月，王肅則根據荀子大略篇、詩毛傳、孔子家語，主張秋冬嫁娶，仲春期盡，晉朝束皙兩非之，以爲「春秋二百四十年，天王取后，魯女出嫁，夫人來歸，大夫送女，自正月至十二月，悉不以得時、失時爲褒貶，何限于仲春、季秋以相非哉？」（昏姻以時議）其說較爲閎通，蓋古時爲農業社會，農民冬則居邑，春則居野，平時相聚不易，霜降至冰泮之間爲農桑之隙，舉行婚禮比較方便，尤其仲春更爲適當。但婚姻之義在於賢淑，只要卜得吉日，四時何嘗不可通用？如果限以時月，似乎是不太符合人情。

㈡冠禮

冠禮與氏族社會的成丁禮意義相同，是在男子二十歲時舉行，責以成人之道的儀式。須筮日筮賓，在宗廟三加三醮，整個過程經歷十幾道手續，也是相當隆重的。二月「綏多士女」，傳文之意是兼冠昏而言，賈公彥儀禮疏從而以爲冠有常月，故筮日不筮月。此種看法與昏禮之限以仲春犯了同樣的錯誤，晉朝王彪之云：「冠無定時月，春夏不可，更用秋冬，故經云：『夏葛屨，冬皮屨。』」（黃以周禮書通故卜筮通故引）足以駁正其非。夏小正傳所以將冠昏聯言，乃因二者同屬嘉禮，而且行過冠禮之後，就進入婚齡的緣故。繫之二月，只是爲時而記，言其時最宜於昏冠而已，並不是只有仲春才能舉行這兩種嘉禮。

(三)學禮

二月又云：「丁亥萬用入學——丁亥者，吉日也。萬也者，干戚舞也。入學也者，大學也。謂今時大舍采也。」古時學校教育相當發達，國與鄉都有大學，入學時須舉行萬舞，祭祀先聖先師，所以崇德而勸學。萬應依韓詩、詩邶風簡兮毛傳，解爲舞之大名，兼具文舞與武舞，春夏舞干戚（武舞），秋冬舞羽籥（文舞）。小正傳大概因時值仲春，故以干戚舞爲言。其說雖與公羊傳宣公八年：「萬者何？干舞也；籥者何？籥舞也。」同趣，未免有所偏畸。何休注公羊，以萬爲舞名，籥爲樂器，失之彌遠。至於大舍采，漢以後不行，說解尤爲紛歧。周禮大胥：「春入學，舍采合舞。」鄭玄注：「鄭司農云：舍采，謂舞者皆持芬香之采。或曰：古者士見於君，以雉爲贄；見於師，以菜爲贄。菜直謂疏食菜羹之菜。或曰：學者皆人君卿大夫之子，衣服采飾。舍采者，減損解釋盛服，以下其師也。……玄謂舍即釋也，采讀爲菜。始入學者必釋菜，禮先師也。菜，蘋蘩之屬。」呂氏春秋仲春紀：「仲春入舞舍采。」高誘注：「舍猶置也。初入學宮，必禮先師，置采帛於前以贄神也。」以上這五種說法，以鄭玄之說最善，後代學者多從之。洪震煊繹之云：「文王世子云：『始立學者，既興器用幣，然後釋菜，不舞不授器。』此舍菜用萬，是有舞也；舞用干戚，是授器也。舞授器者，對不舞不授器爲大與？曰『大舍采』，明非小者之比也。」（夏小正疏義）解說頗爲簡覈，洪氏原欲解舍采爲解釋盛服，胡培翬致書表示當從康成之說（見儀禮正義士喪禮『君釋采入門』下），後來疏義果然主鄭，可謂擇善而從了。

(四)祭耒

正月：「初歲祭耒，始用暢也。」祭耒之禮久已失傳，像王聘珍大戴禮記解詁讀爲祭耒，程鴻詔夏小正集說易爲祭采，都是表示對這種禮儀的懷疑。幸而近世甲骨文出土，有些資料正好可以作爲旁證，白川靜云：「『大命衆人，曰𢦏田，其受年？十一月。』𢦏田一詞也有逕作𢦏的。𢦏作[illegible]，象列耒耜於祝告之器𠙵上之形，其原義許是指修祓耒耜之禮。詩有『籩豆靜嘉』之句，籩豆是盛祭物之器，蓋言粢盛之潔淨。作潔淨之意的嘉字，上部从鼓形，是表示用鼓聲祓除邪靈之意。其下从加，加的造形是在祝告之器𠙵旁从一耒耜，與𢦏字的意象相似。由於作物常有蟲害之虞，故凡農作之器具，亦皆施以隆重之修祓。」（甲骨文的世界第五章）夏小正是唯一提到這種禮儀的典籍，眞是彌足珍貴。可惜對祭耒的過程沒有仔細介紹，只提到始用暢。暢（鬯）是祭祀時常用的酒，用來灌地降神，取其芬芳條暢之義。至於祭祀的對象是誰，則無法確知，黃叔琳云：「古之君子使之必報之，迎貓迎虎以及郵表畷坊與水庸皆祭之，則此有事於耒，即祭耒焉爾。然社祭土而句龍食焉，稷祭穀而柱食焉，易大傳言神農始爲耒耜，蓋取諸益，則配食者，其諸神農氏之臣歟？」（夏小正註）可以聊備一說。

㈤祈穀

三月：「祈麥實。」殷人有𠦪（求）年之祭，每年春秋對先祖貞問年成豐歉，此類卜辭屢見不鮮，如「祭丑卜，㱿貞，求年于大甲，十宰；祖乙，十宰？」（殷墟書契後編上卷二十七頁六片）「□子卜，爭貞，𠦪年于祊，[illegible]十犂年，𠕋百犂牛？」（殷契佚存一二六片）使用的犧牲有時多達一百頭牛，盛況可見。這種儀式到了周代演變爲祈穀之祭，禮記月令云：「孟春之月，天子乃以元日祈穀于上帝」。祈穀，又名郊，與當時祀天之祭——圜丘（又名郊）名稱相同，昔人往往混爲一談。周師一田云：「祈穀之祭所以亦名郊者，蓋祈穀亦行於郊，以祀天帝，正以所在、所祭與圜丘之祭同，乃得有此共名。……殷人求年於先祖，當時是否限爲王者之禮，殆不可知。而周之祈穀祀於天帝，天帝爲百神之君，天子爲萬邦之主，故惟天子始得祀天，亦惟天子始得祈穀也。」（春秋吉禮考辨第二章第一節）分辨最爲明晳。

㈥求雨

雨量之多寡與年成之豐歉息息相關。我國北方雨水不足，變率頗大，古時水利灌溉又不發達，遇到乾旱時往往只有求之神明，以濟燃眉之急。所以商湯以身求雨救旱的故事在古籍裡廣爲流傳，甲文裡也有許多舞雨、烄雨的紀錄。以歌唱舞蹈來取悅神明，甚至焚人以祭，靠天吃飯、無能爲力之情溢於言表。夏小正三月「越有小旱」、四月「越有大旱」，許多注家都認爲此與雩祭有關，如王筠云：

「皆爲常雩記也。不記雩祭，亦小正不記大禮也。」（夏小正正義）于省吾更逕以爲越本作雩，後形訛爲粵，通作越（夏小正五事質疑）。周代雩禮有二，一爲常雩，一爲旱雩。周師一田云：「常雩之祭，備盛樂，集群巫，祈於山川百源以求時雨，祀於天帝以邀福賜，祭於百辟卿士有益於民者以祈民收，是常雩非止求雨，實兼邀福祈收，重民之義存焉。……旱雩之祭，因旱求雨，蓋以斯民窮苦之狀上達於天，庶其垂憫而降雨澤，德惠下土以蘇民困；當祭之時，或以歌呼而嗟歎，詩大雅雲漢之詞是；或與舞容而辟踊，司巫、女巫之事是。」（春秋吉禮考辨第四章第一節）對二雩區別得十分清楚，而其儀式之盛也大略可目。

(七)登嘗

祭祀所以報本反始，崇德報功，古人每於農牧漁獵有所收成之後，以新穫之物舉行登嘗之禮，祭祀祖先。胡厚宣云：「殷人用農產品祭祀者，或𢍏黍，或𢍏麥，或𢍏米，或𢍏，或登禾。用農產釀作物祭祀者，則有酒，有醴，有鬯。又有告秋、告歲之祭，則略與月令『嘗新』之禮同。」（卜辭中所見之殷代農業）夏小正既有祈穀之禮，則於秋收之後必有登嘗。既記載五月「煮梅」、六月「煮桃」以爲豆實，則可能也像月令仲夏之月「羞以含桃，先薦寢廟」那樣，有薦果之禮，只是都沒有紀錄而已。不過，二月「祭鮪」則確爲登嘗無疑。程鴻詔云：「凡薦魚之禮，正祭之魚縮俎右首進腴，天子諸侯繹祭之魚則橫載之。乾魚進首，濡魚進尾。冬右腴，夏右鰭。又刳魚腹下爲大臠，反覆於上謂之膴（集少儀鄭注孔疏、少牢饋食有司徹鄭注賈疏說）。此祭鮪乃薦新之祭，與正祭不同。鮪是濡魚，應進尾右腴，覆膴而橫載於俎也。」（夏小正集說）解釋薦鮪之禮甚爲詳細。

(八)煮祭

二月：「初俊羔助厥母粥。」傳云：「夏有煮祭，祭也者，用羔。」煮祭之名從未在其他典籍出現過。王聘珍大戴禮記解詁解爲大亨而祭，孔廣森大戴禮記補注釋爲饋熟之祭，宋書升夏小正釋義詮爲禴祭，都未免牽強附會。朱熹疑爲暑祭（洪震煊夏小正疏義引），由於三月頒冰時需「獻羔祭韭」（詩豳風七月），其說蓋近是。孫詒讓以爲此與左傳昭公二年說中春啓冰，以羔祭司寒禮相類，而與周禮籥章之「中春晝擊土鼓，龡豳詩以逆暑」不同。蓋前者爲告祭，後者爲正祭（周禮正義卷四十六）。

五、政事

夏小正不備載大禮，對軍國大事當然也罕所涉及，有許多學者以爲那是因爲另有大正專門來紀錄它們的緣故。如王筠云：「正月記祭耒用暢，必天子事也，而不記王之耕耤；三月記妾子始蠶，而不記后之躬桑，何也？此所謂小正也，其大事自別有典籍也。」（夏小正正義）宋書升亦云：「內火者，大正之事，非小正所聞，故但舉天象以驗時，而其典缺如也。以時縱火者，此小正之事也，故記之。」（夏小正釋義）可惜大正之書早已亡佚，我們從小正裡所能看到的政令、法典也就十分有限了。

(一)觀象授時

觀測日月星辰的變化來確定時令、制訂曆法，叫做觀象授時。尙書堯典云：「乃命羲和欽若昊天，曆象日月星辰，敬授人時。」古之人君，每以治曆明時爲執政之首務，其重要性不難想見。夏小正是我國現存最早的曆書，對星象記載頗爲詳細，當時有專門機構負責處理天文曆法，自不待言。在觀象方面，夏小正以昏旦星象爲主，將它們的出沒和月份聯繫起來，以反映時節的變化。所紀錄的有鞠（虛）、參、昴、大火（心）、辰（房）、南門、織女、斗柄、漢等，而猶無完整的二十八宿，無法像呂氏春秋十二月紀那樣紀錄日躔。在授時方面，所使用的是一種較早期的夏曆，分一年爲十二月，以干支紀日，以物候來表現時節的轉移。對四季、置閏、大月小月、每月日數等則缺乏明白的交代，更遑論二十四節氣、七十二候了。所以它所代表的時代當不甚晚。

(二)戎政

十一月云：「王狩——王狩者，言王之時田。冬獵爲狩。」古之王者，常有田獵之事，一則可獲野物，充君之庖；二則可備祭品，共承宗廟；三則可驅禽獸，爲田除害；四則可習勤勞，辨明尊卑；五則可蒐軍實，簡集士衆，眞是擧一事而衆善皆備。在這幾種目的裡，軍事無疑是最受重視的，因爲「國之大事，在祀與戎。」（左傳成公十二年）殷王田獵，往往有小臣、馬、多馬、犬、多犬、亞、戍等武衛之士偕行。左傳隱公五年也說：「春蒐、夏苗、秋獮、冬狩，皆于農隙以講事也。三年而治兵，入而振旅，歸而飮至，以數軍實。」周禮夏官描述四季田狩的情形，更是與振旅、茇舍、治兵、大閱合爲一談，如臨大敵。諸如此類，皆可見田獵與戎政關係是十分密切的。所以夏小正緊接着記載

：「陳筋革——陳筋革者，省兵甲也。」兵甲指弓箭、甲胄等武器，它們都是使用皮革製成的。孔廣森云：「筋，弓也；革，函也。因狩之時，料簡軍實。」（大戴禮記補注）宋書升云：「經不云陳甲兵，而云陳筋革，明乎陳者，非已成甲兵，而爲將制之材。……陳兵甲者，所以備武，大正之事也；陳筋革者，所以省工，小正之事也。」（夏小正釋義）二人的說法雖有出入，其不離軍事的觀點則一。

㈢馬政

馬可用來駕車、騎跨、耕田，在交通、軍事、農業各方面都是相當重要的。所以夏小正對馬的飼養、管理、繁殖與使用都有所介紹。民國四十五年陝西郿縣有一件西周時期的銅駒尊出土，胸部刻有銘文九行九十二字，記載周王親自參加「執駒」典禮，與夏小正四月「執陟攻駒」正可相互印證。五月云：「頒馬——分大夫卿之駒也。」此與周禮夏官校人之「夏祭先牧，頒馬攻特。」呂氏春秋仲夏季之「班馬政。」禮記之「大夫不得造車馬。」亦可相互參照。而古時對馬政之重視，也由此可見。周禮在馬政方面記載尤爲詳備，秦蕙田云：「周禮校人以下趣馬、牧師、圉師及馬質等皆以養馬爲職。其事則牧之有地，聚之有廄，孳息有候，阜育有方，制馭有法，勞逸有節，所以養之敎之，盡物之性，以供國之用者，皆馬政也。」（五禮通考卷二百四十四）

㈣冰政

三月云：「頒冰——頒冰者，分冰以授大夫也。」古時醫藥衞生不夠發達，嚴冬過後，物品容易腐壞，故有藏冰、頒冰之政。周禮凌人專司其事，祭祀供冰鑑，賓客共冰，大喪供夷槃冰，用途相當廣泛，也可算是一種社會衞生。左傳昭公四年申豐云：「古者日在北陸而藏冰，西陸朝覿而出之。其藏冰也，深山窮谷，固陰沍寒，於是乎取之。其出之也，朝之祿位，賓食喪祭，於是乎用之。其藏之也，黑牡秬黍，以享司寒。其出之也，桃弧棘矢，以除其災。其出入也時，食肉之祿，冰皆與焉。大夫命婦，喪浴用冰。祭寒而藏之，獻羔而啓之，公始用之火出，而畢賦，自命夫命婦至於老疾，無不受冰。」對藏冰、頒冰的儀式講得十分清楚。頒冰的月份，先秦典籍立文有異，實則並不相悖，黃以周云：「月令仲春獻羔開冰，與豳詩四之日獻羔文合。凡開冰先頒冰一月，故夏小正頒冰在三月，而淩人夏頒冰又在四月者，左傳曰：『公始用之火出』，是三月頒冰亦祇及公宮，未畢賦也，其畢賦臣下自在四月。……諸經開冰、頒冰之文雖若參差，不齊而合，而細按之，初無大異。」（禮書通故郊祀通故二）

(五) 火政

人類由茹毛飲血進而生火熟食，在文明上是一大進步，火之爲用，較冰尤廣，故周禮有司爟、司烜專掌行火之政令。火政主要可分爲三種，秦蕙田云：「周禮司爟四時變國火，此鑽燧之火。順陰陽之衰旺以爲變改之宜，所以平飲食也。季春出火，季秋內火，此陶冶之火。視心星之伏見以爲出內之候，所以利器用也。王制昆蟲未蟄不以火田，爾雅火田曰狩，此田獵之火。視昆蟲之動蟄以爲焚萊之節，所以仁庶物也。」（五禮通考卷二百四十三）夏小正九月云：「主夫出火——主夫也者，主以時縱火也。」一般注家都解爲田獵之火，這種放火焚燒宿草，以便獵取禽獸的辦法，其來已久，後世猶時有行之者。古代還有一種焚田耕種的辦法，萬國鼎中國田制史、陶希聖中國社會史、馬乘風中國經濟史等以爲卜辭中的焚字就是火耕。殊不知商代農業已相當發達，何須使用這種原始落後的耕種方法？所以胡厚宣殷代焚田說仍然根據說文、爾雅、左傳、禮記王制等的說法，定爲焚草以獵。夏小正雖多記農事，所講的出火，應該也與火耕無涉。

㈥貢物

十二月云：「納卵蒜——卵蒜也者，本如卵者也。納者，何也？納之君也。」古代的諸侯對天子有進貢納稅的義務，人民對國君除了徭役外，也須貢獻納種種物品。甲骨文中有進貢卜龜、卜骨、牛馬、大象、骨笄、白陶等的紀錄，尚書禹貢有納采、納粟之例，周禮冢宰的九貢，也含有犧牲、皮帛、木材、珍寶、祭服等實物。在賦稅制度未產生之前，這實在是不足爲奇的。有些學者因納卵蒜（小蒜）於國君，他書無聞，遂懷疑夏小正的紀錄，甚至像莊述祖夏小正經傳考釋那樣改爲「內民䖵」，實在是大可不必。小蒜之爲物，辛而葷，能殺蟲魚之毒，攝諸腥羶，國君的庖厨十分需要，不取之於民，何從而來？禮記玉藻云：「膳于君有葷。」正可做爲納卵蒜的佐證。

柒、夏小正月令異同論

夏小正與月令分見於兩戴禮記，兩戴禮記同爲儒家的經典，這兩篇文獻也可以算是姐妹作。不僅性質相近，價值亦相埒，過去往往爲人相提並論，却從未有詳加比較者，這是很令人遺憾的。所以我現在不揣淺陋，就五方面來析論其異同：

一、時代方面

夏小正有經有傳，究竟經傳各完成於何時？作者是誰？自來異說至爲紛歧。就經文而言，清代以前的學者多主張爲夏世之作。這一方面是篇名冠有夏字，再則因這種說法出自幾位權威學者之口，如：禮記禮運云：「孔子曰：『我欲觀夏道，是故之杞，而不足徵也，吾得夏時焉。』」鄭玄注：「得夏四時之書也，其書存者有小正。」漢司馬遷云：「孔子正夏時，學者多傳夏小正。」（史記夏本紀）蔡邕云：「戴禮夏小正傳曰（按臧庸引盧學士云：『曰字衍』），陰陽生物之候，王事之次，則夏之月令也。」（明堂月令論）基於崇古、信古的心理，從唐一行（新唐書曆志引大衍曆）、宋傅崧卿（夏小正戴氏傳序）、清戴震（戴東原集卷五・記夏小正星象）、畢沅（夏小正考注自序）、雷學淇（介菴經說卷四・十二次之分星古今不同）以降，都靡然從之。唯夏代大約相當於龍山文化，時代緜渺，文獻難徵，小正是否成書於其時，實在很難稽考。而小正一詞在傳文中提到四次，均無夏字，夏字究竟是指夏代或夏時而言，也不易確定。所以早在元世，王褘就提出質疑：「設小正誠夏書，則在孔子所必取，然而不與禹貢同列於百篇，何耶？」（夏小正集解序）清王夫之也說：「夏小正者乃戰國時人所爲，非孔子所得之舊文也。」（禮記章句卷九）近代疑古、考古之風日盛，有的主張經文爲周初之作，如新城新藏（東洋天文學史研究）、竺可楨（二十八宿起源之時代與地點）是也；有的主張爲春秋時代之作，如于省吾（夏小正五事質疑）、李約瑟（中國之科學與文明第五册）是也；有的主張爲戰國時代之作，如屈萬里先生（二戴記解題）是也；有的甚至主張爲漢初之作，如飯島忠夫（支那古曆法餘論）是也。可說聚訟紛紜，莫衷一是。他們大部分是從日躔、星宿加以推測，按理應相當客觀可信，不料所推出的結果竟頗有出入，如與一行、戴震以天象推斷爲夏世之作者相較，那差距就更大了。可見後人依古書所載星象逆推觀測時代，並非易事，那是因爲星之赤緯高下、見伏方位、觀測時間、觀測者所處緯度等都足以影響進步的結果，更何況載籍往往語焉不詳，又難免有衍奪錯簡之失，所以新城新藏等人的說法也難成定論。我以爲小正經文簡質，而且全無陰陽五行色彩，其爲三代古籍應無疑問。很可能是春秋時代杞國人所傳先世舊籍，歷經傳寫補充，始成定本。至於其原始材料向上可以推到周初呢？商代呢？還是夏朝呢？那就難以考證了。能田忠亮（夏小正星象論）推步其星象爲夏世迄春秋時之現象，殆以此故。準此以觀，則經文的作者，畢沅歸之禹、啟，王夫之歸之戰國時人，固然都不可信，于省吾以爲春秋時期前期杞國人或居於夏代舊日領域者所作，恐亦不無誤述爲作之失。

至於傳文的作者，宋傅崧卿主張爲漢時大戴禮記的編者戴德，那是不足採信的。一則大戴所存三十九篇，皆述而不作，不應獨釋小正，再則經文二月「萬用入學」，傳以「今時大舍采」釋之，而大舍采之禮秦漢已不行，所言今時，當是先秦。其次，清孫星衍以爲「出于先秦孔子之徒。」（夏小正傳序）王聘珍以爲「七十子後學者所爲。」（大戴禮記解詁目錄）也難免失之空泛。倒是舊說子夏所作（清王筠夏小正正義篇首引），莊述祖猜想「蓋高、赤之流。」（明堂陰陽夏小正經傳考釋卷一）朱駿聲「疑出公羊、穀梁二子手筆。」（夏小正補傳序）這些看法較有見地。程鴻詔說得好：「儀禮喪服傳先儒以爲子夏所作。賈公彥謂公羊傳有『者何』、『何以』之等，喪服傳亦有『者何』、『何以』之等，公羊是子夏弟子，師弟相習，語勢相連，得爲子夏所作。據賈此言，則小正亦有『者何』、『何以』之等，故或云子夏，或云公羊、穀梁作也。」（夏小正集說篇首）是小正傳文殆爲先秦子夏、公羊、穀梁一派學者所爲，似無疑義，不過，若實指子夏或公羊、穀梁所作，恐亦難逃刻舟求劍之譏。今人夏緯瑛夏小正經文校釋認爲它是戰國早期的作品，所言時代或未免過早，如果視爲戰國末年之作，應該是說得通的。

與夏小正相比，月令的時代顯然要晚得多。月令並無經傳之分，其作者，東漢初的魯恭但推爲周人（後漢書魯恭傳），東漢末年的鄭玄始以爲：「本呂氏春秋十二月紀之首章也。以禮家好事抄合之，後人因題之，名曰禮記。」（禮記月令疏引鄭玄三禮目錄）同時的蔡邕及稍晚的王肅則主張「周公所作。」（經典釋文引）自魏之高堂隆、傅玄以下，直至近世，辯論不絕。平心而論，蔡、王之說出於推崇月令太過的心理，實在很值得商榷，其證有四：

㈠蔡、王之意蓋以禮記月令卽周書月令，而周書月令爲周公所作。今考汲冢所傳，月令篇有目無辭，清盧文弨抱經堂校刋本始以呂覽十二月紀首補之。然周書月令與呂覽十二紀首或禮記月令性質雖然相同，內容則頗有差異，清孫志祖讀書脞錄、孫詒讓周書斠補、俞正燮癸巳類稿及今人黃沛榮君周書研究皆辨之甚審，堪爲定論。縱使禮記月令卽周書月令，將其作者歸之周公也是羌無實據的。

㈡鄭玄三禮目錄指出月令中之官名、時事多不合周法，唐孔穎達禮記月令疏更舉出周無太尉等四證，申論鄭旨。禮記月令誠爲周公所作，必不至如此枘鑿。

㈢宋黃震禮記日鈔謂月令依鄒衍五行安排，近世中外學者也公認月令與陰陽家關係密切。而陰陽五行之學至戰國始盛，如月令那麼縝密的安排，豈周初所宜有？

㈣清崔述考月令星象「上溯唐、虞之世何太遠？下逮漢、宋之世何太近？」（豐鎬考信錄）因斷爲戰國時人所撰。日本學者新城新藏東洋天文學史、飯島忠夫支那曆法起源考、能田忠亮禮記月令天文考所推步的，也都足以證明崔述的說法並非無稽。

再對照禮記月令與呂覽十二月紀首的文字，不難發現二者實大同小異（詳見王師夢鷗禮記月令斠理），而呂不韋的時代又值戰國末年，則禮記月令的直接淵源爲十二月紀首當無疑義。至於十二紀首究竟是呂氏門客所自撰（徐復觀先生兩漢思想史・呂氏春秋及其對漢代學術與政治的影響），或者是修正舊典（高師仲華禮記概說），或者是摭自鄒子（容肇祖月令的來源考），由於文獻不足，斷定匪易。無論如何，終不出戰國之世就是了。

二、材料方面

傅崧卿夏小正戴氏傳序說：「星昏旦伏見，中正當鄉，若寒暑日風，冰雪雨旱之節，草木稊秀之候，羽毛鱗蠃蠕動之屬，蟄興粥伏，鄉遰陟降，離隕鳴呴之應，罔不具紀，而王政民事繫焉。」夏小正的內容由此可略窺一斑。如果我們將他的話再加以簡化，那麼，夏小正的材料主要可分爲三部分：㈠天象：包括氣候與星象的紀錄，如正月的「時有俊風」、「鞠則見」，三月的「越有小旱」、「參則伏」，四月的「昴則見」、「初昏南門正」。㈡物候：就是動植物隨着節候的變化，如正月的「啟蟄」、「雁北鄉」，二月的「榮堇」、「昆小蟲抵蚳」，三月的「䍧羊」、「螜則鳴」。㈢民事：農桑、工藝、教育、祭祀、禮俗等皆屬之，如正月的「農緯厥耒」、「初歲祭耒始用暢」，二月的「綏多女士」、「丁亥萬用入學」，三月的「妾子始蠶」、「執養宮事」。這些資料，是先民經年累月觀察的紀錄，可提供民衆作爲食衣住行，尤其是農業生產的參考，自古卽備受重視，尙書堯典云：「曆象日月星辰敬授人時。」卽指此而言。近人陳兆鼎的「夏小正之檢討」推本小正淵源於堯典，其說雖因涉及堯典與夏小正成書先後之問題，難以成爲定論，然二者性質相近，同爲現存最早之時令資料應無可疑。後來周書的時訓、呂氏春秋的十二月紀、禮記的月令、淮南子的時則、易緯的通卦驗，乃至今月令、唐月令、清之時憲書、今之農民曆等，可以說都是它的支與流裔。

禮記月令也同樣具有這些材料：㈠在天象方面，月令不僅仿效夏小正記昏旦中星（如孟春「昏參中，旦尾中」），還明載日躔所在（如孟春「日在營室」），驟看之下，相當齊備。唯若仔細比對，則頗有問題。孔穎達疏云：「月令昏明中星皆大略而言，不與歷正同。」猶不免强爲掩飾，王師夢鷗云：「每月首列天文星紀，殆同虛飾，今世學者，或據以推算月令之成書時代（其詳者如能田忠亮之禮記月令天文考），或又從而判斷其爲書之眞僞（如鄒樹文之禮記月令辨僞），似皆未原當時以此『熒惑諸侯』者之用心。」（月令探源）則逕指其罅漏了。㈡在物候方面，月令與夏小正相類之處將近一半，如月令孟春的「蟄蟲始振」、「魚上冰」卽夏小正正月的「啟蟄」、「魚陟負冰」；季春的「田鼠化爲鴽」、「桐始華」卽三月的「田鼠化爲鴽」、「拂桐芭」……，凡此之類，月令或逕襲其字句，或異辭而同義，或前後移易，或加以刪略，都足見二者關係之密切。此外，二者時間還偶有遲早之異，如月令「桃始華」、「鷹化爲鳩」在仲春，夏小正「梅杏杝桃則華」、「鷹則爲鳩」在正月。這是由於物候與年代、氣候、高度、緯度、生物品種皆有密切關係，所以會有古今時地的不同，宋沈括夢溪筆談卷廿六所云：「土氣有早晚，天時有愆伏。」卽已洞燭其理。㈢在民事方面，月令將其層次提高，納於天子政令之中，而因革損益之迹，仍灼然可考。如孟春「天子親載耒耜……躬耕帝藉。」「命樂正入學習舞。」不就是夏小正正月的「農緯厥耒」、二月的「丁亥萬用入學」嗎？由此可見，月令的取材實深受夏小正的影響，清范家相認爲夏小正「實月令、時訓仿效損益之根源。」（夏小正輯注自序）是絲毫不錯的。

除了上述三部分外，月令又增添了許多新材料，如孟春「其日甲乙」，將天干組合進去了。「其帝大皡，其神勾芒」，將帝號、神名組合進去了。「其蟲鱗」，將動物組合進去了。「其音角，律中太簇」，將音樂組合進去了。「其數八」，將數目組合進去了。「其味酸，其臭羶」，將味覺、嗅覺組合進去了。「其祀戶，祭先脾」，將祭祀、房屋、身體構造組合進去了。「天子居靑陽左个，乘鸞路，駕倉龍，載靑旂，衣靑衣，服倉玉，食麥與羊，其器疏以達。」將天子的食衣住行組合進去了。「是月也，以立春，先立春三日，大史謁之天子曰……毋變天之道，毋絕地之理，毋亂人之紀。」將天子政令組合進去了。「孟春，行夏令則雨水不時，……首種不入。」將逆時之咎徵組合進去了。其範圍之寬廣，材料之宏富，已非夏小正所能籠罩，到底它的目的何在？有何意義？那正是値得我們進一步探討的。

三、結構方面

夏小正以「正月」、「二月」至「十二月」紀時，既不著季節，亦不著日數，唯宋傅崧卿夏小正戴氏傳、金履祥夏小正注，清任兆麟夏小正補注等在正月、四月、七月、十月之前分冠春、夏、秋、冬，此非大戴本之舊貌，當是傅氏始作俑的。朱震漢上易卦圖曰：「夏建寅，故其書始於正月。」不管夏小正是否確爲夏代之作，其採用夏曆則是無可疑的。這種以寅月爲歲首的陰陽合曆，四時寒暑最爲分明，與農業耕作配合最爲適宜，怪不得孔子主張爲政要「行夏之時」（論語衞靈公）。從漢武帝元封七年（公元前一〇四年）改用太初曆，以建寅之月爲歲首之後，太約二千年間，除王莽和魏明帝時一度改用殷正，唐武后和肅宗時一度改用周正外，一般都是使用夏正，其影響也就可想而知了。每月之下，夏小正分繫當月天象、物候、民事，若將相同事物貫通觀之，尙能有條不紊，如正月：「梅杏、杝桃則華。」四月：「囿有見杏。」五月：「煮梅。」六月：「煮桃。」先是開花，繼則成熟，終則煮爲豆實，都是依時實錄，可以看出先後之序。在同月之中，則或以時間先後爲次，如四月先記「昴則見」，以其爲朔氣之星象，後記「初昏，南門正」，以其爲中氣之星象。或以性質異同爲類，如十一月：「王狩，陳筋革，嗇人不從。」清俞樾云：「此三經本爲一事，故傳既每月解訖，又申說狩義於後。」（羣經平議）或隨文臚舉，交錯爲用，如正月：「啟蟄。雁北鄉。……魚陟負冰。……

時有俊風。……獺祭魚。」與逸周書時訓篇以五日爲一候，依時間先後爲次者相較，顯然是散漫得多，所以中國氣候總論云：「每月所繫物最不一致，多者十五候，少者僅一候，現行節氣名見是書者僅一啟蟄，節中之規定完全缺如，可見爲隨見隨紀，未經整理始創之作。」

月令也是以十二月爲紀時單位，唯在名稱上改用春夏秋冬的孟仲季，更能特別顯出「四時成歲」的觀念，可算是一種進步。過去有人以爲月令既出自呂氏春秋，當是使用秦曆（以夏曆十月爲歲首，改年始而不改時月）或周曆（以夏曆十一月爲歲首），這實在是一種誤會，因爲呂覽之成書在始皇八年，時秦猶未統一天下，遑論易服色，改正朔了。我們只要看月令立春在正月，就可以曉得它還是使用夏曆，所以逸周書周月篇云：「亦越我周王，致伐于商，改正異械，以垂三統，至於敬授民時，巡守祭享，猶自夏焉。」晉束晳也說：「月令四時之月，皆夏數也。」（隋杜臺卿玉燭寶典序引）每月之中，月令的材料安排顯然是費了一番斟酌，孔穎達疏云：「蔡邕云：『法象莫大乎天地，變通莫大乎四時，縣象莫明莫大乎日月。』故先建春以奉天，奉天然後立帝，立帝然後言佐，言佐然後列昆蟲之列。物有形可見，然後音聲可聞，故陳音。有音然後清濁可聽，故言鍾律。音聲可以彰，故陳酸羶之屬也。羣品以著，五行爲用於人，然後宗而祀之，故陳五祀。此以上者，聖人記事之次也。東風以下者，效初氣之序也。二者既立，然後人君承天時，行庶政，故言帝者居處之宜，衣服之制，布政之節，所明欽若昊天，然後奉天時也。」其說雖不無牽强，倒也足以表曝作者的一番心血。不特此也，如果我們將月令的主要材料（物候、政令、咎徵文長不錄）按月排比，就可以得到如下的一個結構表：

十二月	十二辰	中星	十干	五帝	五神	五蟲	五音	十二律	五數	五味	五臭	五祀	五臟	明堂	五色	五穀	五牲	五器	五行	五方
孟春	營室	昏參 旦尾	甲乙	大皞	句芒	鱗	角	大簇	八	酸	羶	戶	脾	青陽左个	青	麥	羊	疏以達	木	東
仲春	奎	昏弧 旦建星	甲乙	大皞	句芒	鱗	角	夾鐘	八	酸	羶	戶	脾	青陽大廟	青	麥	羊	疏以達	木	東
季春	胃	昏七星 旦牽牛	甲乙	大皞	句芒	鱗	角	姑洗	八	酸	羶	戶	脾	青陽右个	青	麥	羊	疏以達	木	東
孟夏	畢	昏翼 旦婺女	丙丁	炎帝	祝融	羽	徵	中呂	七	苦	焦	竈	肺	明堂左个	赤	菽	雞	高以觕	火	南
仲夏	東井	昏亢 旦危	丙丁	炎帝	祝融	羽	徵	蕤賓	七	苦	焦	竈	肺	明堂大廟	赤	菽	雞	高以觕	火	南
季夏	柳	昏火 旦奎	丙丁	炎帝	祝融	羽	徵	林鐘	七	苦	焦	竈	肺	明堂右个	赤	菽	雞	高以觕	火	南
			戊己	黃帝	后土	倮	宮	黃鐘之宮	五	甘	香	中霤	心	大廟大室	黃	稷	牛	圜以閎	土	中央
孟秋	翼	昏建星 旦畢	庚辛	少皞	蓐收	毛	商	夷則	九	辛	腥	門	肝	總章左个	白	麻	犬	廉以深	金	西
仲秋	角	昏牽牛 旦觜觿	庚辛	少皞	蓐收	毛	商	南呂	九	辛	腥	門	肝	總章大廟	白	麻	犬	廉以深	金	西
季秋	房	昏虛 旦柳	庚辛	少皞	蓐收	毛	商	無射	九	辛	腥	門	肝	總章右个	白	麻	犬	廉以深	金	西
孟冬	尾	昏危 旦七星	壬癸	顓頊	玄冥	介	羽	應鐘	六	鹹	朽	行	腎	玄堂左个	黑	黍	彘	閎以奄	水	北
仲冬	斗	昏東辟、旦軫	壬癸	顓頊	玄冥	介	羽	黃鐘	六	鹹	朽	行	腎	玄堂大廟	黑	黍	彘	閎以奄	水	北
季冬	婺女	昏婁 旦氐	壬癸	顓頊	玄冥	介	羽	大呂	六	鹹	朽	行	腎	玄堂右个	黑	黍	彘	閎以奄	水	北

這些材料，或以五計，或以十二數，而且往往前有所本，如十干與管子四時篇同；五帝、五神與大戴禮、左傳、國語、山海經、楚辭、管子相類，而分配較完整清晰；五蟲、五音、五數、五味、五色、五器與管子幼官（應爲玄宮）篇相似；五祀在管子五行篇有其名而未擧其目；五臟與管子水地篇相符；五行、五方與尚書堯典相當。至此，我們不難恍然大悟，這不就是陰陽五行的搭配嗎？這種搭配也是煞費苦心的。首先，以十二辰、十二律、明堂十二室配十二月固然沒有問題，以五帝、五神、五蟲、五音……配四時，則有所枘鑿。作者解決的辦法是：在季夏、孟秋之間加入「中央土，其日戊己，其帝黃帝，其神后土，其蟲倮，其音宮，……其器圜以閎。」等七十四字，如此多出的一行就有所安頓了，當然，這種安頓正如王師夢鷗所批評的：「既失日躔星中，亦無當時物候人事之記載，等是虛設爾。」（禮記月令斠理）其次，每一項個別材料，其先後的次序也是經過仔細考慮的，如：㈠五帝：大皞即伏羲氏，爲木德之帝，故配春。炎帝即大庭氏，爲火德之帝，故配夏。黃帝即軒轅氏，爲土德之帝，故配中央。少皞即金天氏，爲金德之帝，故配秋。顓頊即高陽氏，爲水德之帝，故配冬。㈡五神：句芒即少皞子重，爲木正，故佐大皞。祝融即顓頊子犂，爲火正，故佐炎帝。后土即共工子句龍，爲木正，故佐黃帝。蓐收即少皞子該，爲金正，故佐少皞。玄冥爲少皞子脩及熙，爲水正，故佐顓頊。㈢五數：尚書洪範五行生長之次序爲水一、火二、木三、金四、土五，地爲土，以五爲基本數，其他四行各加以土之數，故春木爲八，夏火爲七，中央土爲五，秋金爲九，冬水爲六。㈣五味：洪範云：「水曰潤下，火曰炎上，木曰曲直，金曰從革，土爰稼穡，潤下作鹹，炎上作苦，曲直作酸，從革作辛，稼穡作甘。」所以春味爲酸，夏味爲苦，中央味爲甘，秋味爲辛，冬味爲鹹。其他各項的次序也都各有其理，其組織之整齊嚴密，遠非夏小正所能及。故清陳澧月令考云：「蒐往古之舊文，成一家之新制。雖事有造因，體非沿襲，鉅典宏綱，往往而在。」在陰陽五行學說盛行的古代，這種贊美倒也不足爲奇。在科學昌明的今日，其評價則難免要改觀了。王師夢鷗云：「月令所著一年十二月之天文人事，貌若端整有序，其實蘊有若干紕謬難通之處。」（月令探源）徐復觀先生也說：「其中由夏小正來的，本是與時令相關的，這是合理的一部分，其餘的都是憑藉聯想，而牽强附會上去的。但一經組入到陰陽五行裏面去，便賦予了一種神秘的意味，使萬物萬象成爲一個大有機體。若把它在知識上的眞實性及由此所發生的影響的好壞，暫置不論，這確要算是呂氏門客的一大傑構，而爲以前所沒有的具體、完整而統一的宇宙觀、世界觀。」（呂氏春秋及其對漢代學術與政治的影響）都可以說是持平之論。

四、文字方面

㈠夏小正有經傳之分，月令則否：

據清孔廣森之統計，夏小正全文凡二四七〇言，其中經文四五六言，餘爲傳文。如正月「啟蟄」是經，「言始發蟄也。」是傳。「魚陟負冰」是經，「陟，升也。負冰云者，言解蟄也。」是傳。經傳非一人所作，時代亦相去甚遠，不可混爲一談。所以知有經傳之分者，是因爲鄭玄注月令引夏小正，凡經文首句皆直稱爲「夏小正曰」，而於傳文則以「說曰」二字別之，郭璞注爾雅，也有「夏小正曰」、「夏小正傳曰」之異。後來經傳僭越無別，直至傳崧卿才又加以釐析，使讀者有徑可尋，其功實非淺鮮。傳之釋經，篤信者亦步亦趨，不敢稍有違失，如孔廣森大戴禮記補注是也。非之者則以爲所解多不合經，而另闢蹊徑，如范家相夏小正輯注是也。這兩種態度都未免失之過偏，應該是逐條仔細考證，擇善而從，才是較合理的。至於月令全文凡四六四五言，幾乎倍於小正，而宛如出自一手，並無經傳之分。

㈡夏小正本身頗多逸文，月令則於呂紀有所刪改：

今日我們所看到的夏小正，各月條數相當參差，如正月有二十二條，二月有十四條，而六月僅三條，十一月僅四條。二月、十一月、十二月在星象方面更是付諸闕如，這些都足以令人懷疑它並非完璧。果然，我們可以發現一些佚文，如初學記五月五日下引的夏小正「此月蓄藥以蠲除毒氣也。」周易乾鑿度注引的夏小正「雞始乳」都是今本所無，可惜僅是吉光片羽，要恢復全貌是絕無可能了。至於月令，孔穎達以爲與呂氏春秋十二月紀「不過三五字別。」（禮記月令疏）其說未免失考，依據王師夢鷗的斠理，二者相同者固逾十九，相異者亦且十一，其中有的僅是文字略有修改，如孟春「鴻雁來」，呂紀原作「侯雁北」，「乘鸞路」原作「乘鸞輅」；有的則很可能是有意刪略，如呂覽季夏紀、季冬紀「三旬二日」之記載，及季春紀、孟夏紀「行之是令而甘雨至」等休徵，均不見於月令。蓋呂紀季夏、季冬各三十二日，其餘各月爲三十日，則全年三百六十四日，曆術未免過分疏闊，自不得不删汰。而順令可得甘雨、涼風等休徵，事實上極難應驗，徒授人以攻擊之口實，月令加以節略，也是合情合理的。

㈢夏小正古奧難解，月令則文從字順：

清四庫全書總目提要卷二十一云：「大戴之學，治之者稀，小正文句簡奧，尤不易讀。」洪震煊亦云：「惟是經文簡質，傳文奧深，習其讀者已難，通其說者卒尠。」（夏小正疏義序）夏小正之古奧難解，是衆口同聲，絕無異辭的。如正月「鞠則見」，傳文以「星名」釋之，鞠星之名未見於史記天官書及甘石星經，究係何星，起碼有十二種以上的說法，眞是令人目眩。又如七月「爽死」，傳以「疏」訓爽，語意含渾，莫知所指，怪不得後世異說層出，或就草木言（如蔡德晉、黃叔琳），或就鳥言（如徐世溥），或就風言（如顧鳳藻），或就人事言（如程鴻謨、于省吾），或就陰陽言（如趙章程），率皆不得其解，强爲之辭而已，眞是近乎猜謎了。至於月令，則文從字順，事義顯豁，縱有讓注家傷腦筋之處，端在其神秘的思想，而不在文字本身。

㈣夏小正行文參差，月令則力求整飭：

夏小正每月條數不等，每條字數參差。傳之釋經，或逐字詮釋，或擇要解說，或前後重釋，或兼釋較論，或設問申釋，或並存異義，可說相當自由，也相當不統一。月令則每月皆分：1.定星歷，建立五行，2.節候的應驗，3.王居明堂之禮，4.按月的行政措施，5.禨祥制度五部分（詳見王師夢鷗鄒衍遺說考。五時令與明堂的設計）。1.3.兩項材料在同季之中不嫌重複，其他項目之行文也往往前後一致。如每月之中，好以「是月也」爲別事更端之詞；每月物候，少則四句，多則五句，皆可以看出其力求整齊之用心。

㈤夏小正絕不叶韵，月令則韵脚層出：

清趙翼云：「古人文字，未有用韵者。……散文有韵，顧寧人以尚書『帝德廣運』一節，及繫詞『鼓之以雷霆』一節，謂皆化工之文，自然成章者。」（陔餘叢考卷二十二）散文用韵之風尚殆起於戰國，夏小正經文時代較早，性質特殊，又非完璧，自然看不出押韵的現象。就連傳文，也純屬散行，絕不講究「同聲相應」。而月令則頗受到戰國時代風氣之影響，韵脚層出，單以孟春爲例，押韵之文字凡七處，韵脚多達二十個，卽：1「命相布德和令，行慶施惠，下及兆民。」令、民二字古韵同屬眞部。2「慶賜遂行，無有不當，乃命大史，守典奉法，司天日月星辰之行，宿離不貸，毋失經紀，以初爲常。」行、當、行、常四字同屬陽部。3「天氣下降，地氣上騰。」降字多部，騰字蒸部，旁轉相通。4「天地和同，草木萌動。」同、動二字同屬東部。東部與多部、蒸部亦旁轉相通。5「田事既飭，先定準直，民乃不惑。」飭、直、惑三字同屬職部。6「不可以稱兵，稱兵必天殃。」兵、殃二字同屬陽部。7「兵戎不起，不可從我始，毋變天之道，毋絕地之理，毋亂人之紀。」起、始、理、紀四字同屬之部，道字屬幽部，旁轉相通。這種押韵現象不一而足，應當是有意爲之，非純屬天籟的。

五、思想方面

我國一向以農立國，早自新石器的仰韶時代起，即以農業爲經濟主幹。夏小正的中心思想就是重農主義，在各項民事記載中，農桑活動所佔的比率最高，如正月的「農緯厥耒」、「初歲祭耒始用暢」、「農率均田」、「農及雪澤」、「初服于公田」，二月的「往耰黍」，三月的「攝桑」、「妾子始蠶」、「執養宮事」、「祈麥實」……皆是。其他的天象、物候的紀錄，也無一不是爲了方便於農業生產的參考，蓋農產品的培養、生長和收穫，深受寒來暑往規律的影響，而對天象、物候的長期觀察與紀錄，正大有助於人們掌握一年四季氣候變化的規律。據毛雝中國農書目錄彙編、王毓瑚中國農學書錄的著錄，我國歷代的農書多達千百種。其中除少數與主張君臣並耕的農家有關外，可說多自夏小正衍化而出，宜乎清章學誠校讎通義欲用裁篇別出之法，與書無逸、詩豳風七月等冠於農家之首。

夏小正記天時，載民事，莫不以民生爲兢兢，故傳文於三月「攝桑」以「桑攝而記之，急桑也」解之；於五月「菽糜」以「是食短，閔而記之。」解之，都充滿一種仁愛精神。甚至對物候的記載也能由仁民進而愛物，如正月「鷹則爲鳩」傳云：「鷹也者，其殺之時也。鳩也者，非其殺之時也。善變而之仁也，故其言之也，曰則，盡其辭也。鳩爲鷹，變而之不仁也，故不盡其辭也。」六月「鷹始摯」傳云：「始摯而言之，何也？諱殺之辭也，故言摯云。」若斯之比，不一而足，於禽獸之殺戮，尙且諱言殺，尙且不忍盡其辭，則對萬物之靈的態度更不待言了。這種仁愛精神與儒家思想相當吻合，益足以證明莊述祖、朱駿聲主張傳文出自公羊、穀梁一派學者之手，是有相當理由的。

月令也同樣具有重農主義與仁愛精神。如孟春：「天子乃以元日祈穀於上帝。乃擇元辰，天子親載耒耜，措之于參保介之御間，帥三公、九卿、諸侯、大夫，躬耕帝藉。天子三推，三公五推，卿諸侯九推。」季春：「命野虞毋伐桑柘。……后妃齋戒，親東鄉躬桑，禁婦女毋觀，省婦使，以勸蠶事。蠶事既登，分繭稱絲效功，以共郊廟之服，毋有敢惰。」天子躬耕帝藉，后妃親自提倡蠶事，其重視農桑，以爲立國之本者，由此可見一斑。在呂氏春秋中，上農一篇講農桑政策，任地、辨土、審時三篇講農業技術，與此精神正相一致。宋敍五說：「先秦各家，大多具有重農思想。」（先秦重農思想之研究）是頗有道理的。又如孟春：「命祀山林川澤，犧牲毋用牝，禁止伐木。毋覆巢，毋殺孩蟲，胎夭飛鳥，毋麛毋卵，毋聚大衆，毋置城郭，掩骼埋胔。」季春：「天子布德行惠，命有司發倉廩，賜貧窮，振乏絕，開府庫，出幣帛，周天下，勉諸侯，聘名士，禮賢者。」這種仁民愛物的精神、布德行惠的措施，正如隋牛弘所說：「其內雜有虞、夏、殷、周之法，皆聖王仁恕之政也。」（隋書牛弘傳）與儒家的精神頗爲相近，而與秦之好兵嗜殺、毒被天下則大相逕庭。或以此懷疑月令非出呂紀殊不知呂覽融貫諸子，號稱雜家，其中本不乏儒家思想，而獨對壟斷秦國政壇的法治主義及窮兵黷武的嬴秦政權深致不滿，所以在月令中充滿仁愛精神是不足爲奇的。

除此之外，月令還有一些思想成分是夏小正所無的，首先須提出的就是陰陽五行的觀念。依李漢三的先秦兩漢陰陽五行學說一書的研究，陰陽說、五行說分別創行於戰國時代，直至鄒衍時始合而為一。史記孟荀列傳介紹鄒衍的思想是：「深觀陰陽消息，而作怪迂之變——主運、終始、大聖之篇，十餘萬言。其語閎大不經，必先驗小物，推而大之，至於無垠。先序今以上至黃帝，學者所共術，大竝世盛衰，因載其禨祥制度，推而遠之，至天地未生，窈冥不可考而原也。稱引天地剖判以來，五德轉移，治各有宜，而符應若玆。」以此來衡量月令的材料與結構，正相吻合。月令將陰陽消息之理播於五行，散於四時，分佈於十二月，不僅材料增多，而且形式也有所改進，在同類作品中自有其獨特地位。鄭玄的三禮目錄卽將月令歸之「明堂陰陽」，近代探討月令來源者，如容肇祖的月令來源考、蒙季甫的月令之淵源與其意義、王師夢鷗的月令探源也都特別強調月令與陰陽家的關係。胡適先生云：「呂氏春秋所收的五德終始論，代表騶衍的學說，而呂氏春秋所採取的十二月令，亦代表騶衍的禨祥制度的綱領。」（中國中古思想史長編）陰陽五行，可說是月令的中心思想，也是我們研究月令的一條重要線索。

其次，月令寓有大一統的政治理想。它將人事活動的重點由民間提升到天子，適用的範圍由地方擴大到天下國家。在月令中的天子，為順應陰陽五行，按月居處於明堂，具有無限的權威，他所頒佈的政令無遠弗屆。唯一的約束是以禨祥災異來規範其行為，使其一切行政措施能順天配時，不致流於專制暴虐。王師夢鷗云：「周禮六官依天地四時而分職，所言者皆輔弼之事；月令亦依天地四時而為綱，所言者皆為元首之事。周禮詳乎股肱，而月令專屬首領，故月令之為『王禮』，恰與周官之為『

官禮』互相補足。」（禮記月令校讀後記）所言頗能把握月令的政治思想特質。傅斯年先生認爲呂氏春秋是呂不韋敎導秦王的敎本，徐復觀先生也以爲：「其著十二紀之目的，乃以秦將統一天下，而預爲其立政治上之最高原則。」（呂氏春秋及其對漢代學術與政治的影響）可見月令具有如此濃厚的政治色彩，是其來有自的。

最後，月令還含有天人合一的哲學。王師夢鷗云：「綜觀月令所列載各種材料，可大別爲自然現象與行政綱領二大端，前者屬『天』，後者屬『人』，『承天治人』乃其基本觀念。顧此觀念，一面固以自然現象爲一具有人類意志之天文；同理，行政綱領亦成爲天意表現之行事。」（月令探源）天子既貴爲天之驕子，奉上天之命，治理萬民，則有法天之責任。亦唯有法天，才能「與元同氣」，才能具備上天春生、夏長、秋收、冬藏的功效，像上天一樣偉大。否則，必有種種災異發生。即使是普通的老百姓，養生修身，也須順着此一自然法則，才能與天地同德，才不致傷生礙事。這種天人合一的哲學混合儒墨，對後代的思想界起了極大的影響。

了解夏小正與月令的思想，我們就不難明白它們被選入兩戴禮記的理由：夏小正由於具有儒家的仁愛精神，而其重農主義又可彌補儒家之不足，故爲戴德所取。只可惜其記禮之語較少，才爲戴聖所遺。關於這一點，我們只要比較一下兩戴禮記的取材，就可以了解他們對禮的範圍是持有不同的看法的。至於月令，雖然具有濃厚的陰陽家色彩，但陰陽五行、天人合一的學說盛行於兩漢，連儒家的重要學者董仲舒、劉向、劉歆都津津樂道，則其不爲戴聖所擯，也就不足爲奇了。更何況月令的重農主義、仁愛精神都合於儒家的需要，而大一統的政治理想也與漢朝的國情相當接近呢！

無錫孫氏小淥天藏明嘉趣堂本大戴禮記卷二夏小正書影

無錫孫氏小淥天藏明嘉趣堂本
大戴禮記卷二夏小正書影

夏小正第四十七
正月啓蟄言始發蟄也鴈北鄉先言鴈而後言
大戴禮記卷二　十三
鄉者何也見鴈而後數其鄉也鄉者何也鄉其
居也鴈以北方爲居何以謂之爲居生且長焉
爾九月遰鴻鴈先言遰而後言鴻鴈何也見遰
而後數之則鴻鴈也何不謂南鄉也曰非其居
也故不謂南鄉記鴻鴈之遰也如不記其鄉何
也曰鴻不必當小正之遰者也雉震呴震也者
鳴也呴也者皷其翼也正月必雷雷不必聞惟
雉爲必聞之何以謂之雷則雉震呴相識以雷
魚陟負氷陟升也負氷云者言解蟄也農緯厥
耒緯束也束其耒云爾者用是見君之亦有耒

也初歲祭耒始用暢也(暢一作暘)其用初云爾暢也
者終歲之用祭也言是月之始用之也初者始
也或曰祭韭也囿有韭囿也囿之燕者也時有
俊風俊者大也大風南風也何大於南風也曰
合氷必於南風解氷必於南風生必於南風收
必於南風故大之也寒日滌凍塗滌也者變也
變而煖也凍塗者凍下而澤上多也田鼠出田
鼠者嗛鼠也記時也農率均田率者循也均田
者始除田也言農夫急除田也獺祭魚其必與
之(與疑作謂)獻何也曰非其類也祭也者得多也善
大戴禮記卷二　十四
其祭而後食之十月豺祭獸謂之祭獺祭魚謂
之獻何也豺祭其類獺祭非其類故謂之獻大
之也鷹則爲鳩鷹也者其殺之時也鳩也者非
其殺之時也善變而之仁也故其言之也曰則
盡其辭也鳩爲鷹變而之不仁也故不盡其辭
也農及雪澤言雪澤之無高下也初服于公田
古有公田焉者古言先服公田而後服其田也
采芸爲廟采也鞠則見鞠者何也星名也鞠則
見者歲再見爾初昏參中蓋記時也云斗柄縣
在下言斗柄者所以著參之中也柳稊稊也者

發乎也梅杏杝桃則華杝桃山桃也緹縞也者莎隨也緹也者其實也先言緹而後言縞者何也緹先見者也何以謂之小正以著名也雞桴粥粥也者相粥之時也或曰桴嫗伏也粥養也二月往耰黍禪禪單也初俊羔助厥母粥俊也者大也粥也者養也言大羔能食草木而不食其母也羊羔非其子而後養之善養而記之也或曰憂有煑祭祭也者用羔是時也不足喜樂喜羔之爲生也而記之與羊牛腹時也綏多女士綏安也冠子取婦之時也丁亥萬用入學丁

大戴禮記卷二　五

亥者吉日也萬也者干戚舞也入學也者大學也謂今時大舍采也祭鮪祭不必記記鮪何也鮪之至有時美物也鮪者魚之先至者也而其至有時謹記其時榮蕢菜色菜繁田胡繁田胡者繁母也繁萬勃也皆豆實也故記之昆小虫抵蚳昆者衆也田魂螺也者動也小蟲動也其先言動而後言蟲者何也萬物是動而後著括猶推也蚳螘卵也爲祭醢也取之則必推之推之必不取取必推而不言取來降燕乃睇燕乙也降者下也言來者何也莫能見其始出也故

曰來降言乃睇何也睇者眄也眄者視可爲室者也百鳥皆曰巢突穴取與之室何也操泥而就家人人內也剝鱓以爲鼓也有鳴倉庚倉庚者商庚也商庚者長股也榮芸時有見稊始收有見稊而後始收是小正序也小正之序時也皆若是也稊者所爲豆實

三月參則伏伏者非忘之辭也星無時而不見我有不見之時故曰伏去攝桑桑攝而記之急桑也委（作萎一）楊楊則花而後記之䍧羊羊有相還之時其類䍧䍧然記變爾或曰䍧羝也鞍則

大戴禮記卷二　六

鳴穀天螻也頒冰頒冰者分冰以授大夫也采識識草也妾子始蠶先妾而後子何也曰事有漸也言自卑事者始執養宮事執操也養長也祈麥實麥實者五穀之先見者故急祈而記之也越有小旱越于也記是時恒有小旱田鼠化爲鴽鴽鵪也變而之善故盡其辭也鴽爲鼠變而之不善故不盡其辭也拂桐芭拂也者拂也桐芭之時也或曰言桐芭始生貌拂拂然也鳴鳩言始相命也先鳴而後鳩何也鳩者鳴而後知其鳩也

四月昴則見初昏南門正南門者星也歲再見
壹正蓋大正所取法也鳴札札者寧縣也鳴而
後知之故先鳴而後札囿有見杏囿者山之燕
者也鳴蜮蜮也者或曰屈造之屬也王萯莠取
荼荼也者以爲君薦蔣也莠幽越有大旱記時
爾執陟攻駒執也者始執駒也執駒也者離之
去母也執而升之君也攻駒也者教之服車數
舍之也
五月參則見參也者牧星也故盡其辭也浮游
有殷殷衆也浮游殷之時也浮游者渠略也朝

生而暮死稱有何也有見也鳩則鳴鳩者百鷯
也鳴者相命也其不辜之時也是善之故盡其
辭也時有養白養長也一則在本一則在末故
其記曰時養曰之也乃瓜乃者急瓜之辭也瓜
也者始食瓜也良蜩鳴良蜩也者五采具匽之
興五日翕望乃伏其不言生而稱興何也不知
其生之時故曰興以其興也故言之興五日翕
也望也者月之望也而伏云者不知其死也故
謂之伏五月也者十五日也翕也者合也伏也
者入而不見也啓灌藍蓼啓者別也陶而疏之

也灌者聚生者也記時也鳩爲鷹唐蜩鳴唐蜩
鳴者匽也初昏大火中大火者心也心中種黍
菽糜時也煮梅爲豆實也蓄蘭爲沐浴也菽糜
以在經中又言之時何也是食矩關而記之頒
馬分夫婦之駒也將閒諸則或取離駒納之則
法也矩關一作短闃夫婦一作夫卿
六月初昏斗柄正在上五月大火中六月斗柄
正在上用此見斗柄之不在當心也蓋當依依
尾也煮桃桃也者杝桃也杝桃也者山桃也煮
以爲豆實也鷹始摯始摯而言之何也諱殺之

辭也故摯云
七月莠雚葦未莠則不爲雚葦莠然後爲雚葦
故先言莠狸子肇肆肇始也肆遂也言其始遂
也其或曰肆殺也湟潦生苹湟下處也有湟然
後有潦有潦而後有苹草也爽死爽也者猶疏
也苹莠苹也者有馬帚也漢案戶漢也案戶也
者直戶也言正南北也寒蟬鳴蟬也者蝭蠑也
初昏織女正東鄉時有霖雨灌荼灌聚也荼雚
葦之莠爲蔣楮之也雚未秀爲菼葦未秀爲蘆
斗柄縣在下則旦

八月剝瓜畜瓜之時也玄校玄也者黒也校也者若緑色然婦人未嫁者衣之剝棗剝也者取也粟零零也者降也零而後取之故不言剝也丹鳥羞白鳥丹鳥者謂丹良也白鳥者謂蚊蚋也其謂之鳥也重其養者也有翼者爲鳥羞也者進也不盡食也辰則伏辰也謂星也伏也者入而不見也鹿人從者從群也鹿之養也離群而善而之離而生非所知時也故記從不記離君子之居幽也不言或曰人人從也者大者於外小者於内率之也駕爲鼠參中則旦

九月内火内火也者大火大火也者心也遰鴻鴈遰往也主夫出火主夫也者主以時縱火也陟玄鳥蟄陟升也玄鳥者鷰也先言陟而後言蟄何也陟而後蟄也熊羆貊貉鼶鼬則大若蟄而榮鞠鞠草也鞠榮而樹麥時之急也王始裘者何也衣裘之時也辰繫于日雀入于海爲蛤蓋有矣非常入也

十月豺祭獸善其祭而後食之也初昏南門見南門者星名也及此再見矣黒鳥浴者何也鳥浴也者飛乍高乍下也時有養者長也若曰之長也玄雉入于淮爲蜃蜃者蒲盧也織女正北鄉則旦織女星名也

十有一月王狩狩者言王之時田冬獵爲狩陳肋革陳筋革者省兵甲也嗇人不從不從者弗行於時月也萬物不通隕麋角隕墜也日冬至陽氣至始動諸向生皆蒙蒙符矣故麋角隕記時焉爾

十有二月鳴弋弋也者禽也先言鳴而後言弋者何也鳴而後知其弋也玄駒賁玄駒也者螘也賁者何也走於地中也納卵蒜卵蒜也者本

如卵者也納者何也納之君也虞人入梁虞人官也梁者主設罔罟者也隕麋角蓋陽氣旦睹也故記之也

大戴禮記卷第二

參考書目

一、專書

㈠經部

經學通論（清皮錫瑞）河洛圖書出版社
經學通論（民國王師靜芝）環球書局
經典釋文（唐陸德明）鼎文書局
經義考（清朱彝尊）中華書局四部備要本
經義雜記（清臧琳）復興書局皇清經解本
經義述聞（清王引之）廣文書局
左海經辨（清陳壽祺）左海全集本
介菴經說（清雷學淇）商務印書館叢書集成本
儆居經說（清黃式三）清光緒十四年刊儆居集本

群經平議（清俞樾）世界書局
經說略（清黃以周）復興書局皇清經解續編本
周易正義（魏王弼晉韓康伯注唐孔穎達正義）藝文印書館十三經注疏本
易緯通卦驗（漢鄭玄注）中新書局古經解彙函本
漢上易卦圖（宋朱震）大通書局通志堂經解本
尚書正義（漢孔安國注唐孔穎達正義）十三經注疏本
尚書釋義（民國屈萬里先生）華岡書局
毛詩正義（漢毛公傳鄭玄箋唐孔穎達正義）十三經注疏本
詩經釋義（民國屈萬里先生）華岡書局
毛詩會箋（日本竹添光鴻）大通書局
毛詩稽古編（清陳啓源）皇清經解本
毛詩禮徵（清包世榮）力行書局經學粹編本
詩經與周代社會研究（民國孫作雲）中華書局
毛詩草木鳥獸蟲魚疏（吳陸璣）古經解彙函本
詩草木今釋（民國陸文郁）長安出版社
詩經中的經濟植物（民國耿煊）商務印書館

禮書綱目（清江永）臺聯國風出版社
五禮通考（清秦蕙田）新興書局
禮書通故（清黃以周）華世出版社
禮箋（清金榜）皇清經解本
白虎通義疏證（清陳立）皇清經解續編本
周禮注疏（漢鄭玄注唐賈公彥疏）十三經注疏本
周禮正義（清孫詒讓）商務印書館
考工記圖（清戴震）皇清經解本
儀禮注疏（漢鄭玄注唐賈公彥疏）十三經注疏本
儀禮正義（清胡培翬）商務印書館
儀禮經傳通解（宋朱熹）呂氏寶誥堂刊本
儀禮服飾考辨（民國王關仕）文史哲出版社
禮記正義（漢鄭玄注唐孔穎達正義）十三經注疏本
禮記章句（清王夫之）廣文書局
禮記集解（清孫希旦）蘭臺書局
清儒禮記彙解（清抉經心室主人）鼎文書局

禮記校證（民國王師夢鷗）藝文印書館
月令章句（漢蔡邕）古經解彙函本
明堂月令論（漢蔡邕）黃氏逸書考本
月令解（宋張宓）商務印書館四庫全書珍本初集
月令七十二候集解（元吳澄）叢書集成本
七十二候考（清曹仁虎）藝文印書館歲時習俗資料彙編本
七十二候考（清俞樾）中國文獻出版社春在堂全書本
月令氣候圖說（清李調元）叢書集成本
唐月令注（唐玄宗敕撰）叢書集成本
月令粹編（清秦嘉謨）廣文書局
禮記月令天文考（日本能田忠亮）恒星社東洋天文學史論叢
大戴禮記（漢戴德編北周盧辯注）商務印書館四部叢刊本
大戴禮記解詁（清王聘珍）世界書局
大戴禮記補注（清孔廣森）畿輔叢書本
大戴禮記注補（清汪照）皇清經解續編本
大戴禮記斠補（清孫詒讓）敬躋堂叢書本

校正孔氏大戴禮補注（清王樹枏）畿輔叢書本
大戴禮記今註今譯（民國高師仲華）商務印書館
夏小正戴氏傳（宋傅崧卿）通志堂經解本
夏小正解（清徐世溥）豫章叢書第一集本
夏小正詁（清諸錦）後知不足齋叢書本
夏小正考注（清畢沅）經訓堂叢書本
夏小正輯注（清范家相）清光緒丁亥墨潤堂重修本
夏小正補注（清任兆麟）心齋十種本
夏小正箋（清李調元）函海本
夏小正分箋（清黃模）皇清經解續編本
夏小正異議（清黃模）皇清經解續編本
明堂陰陽夏小正經傳考釋（清莊述祖）珍藝宧遺書本
夏小正音義（清佚名）中央研究院藏舊鈔本
夏小正傳（清孫星衍）岱南閣叢書本
夏小正經傳集解（清顧鳳藻）士禮居叢書本
夏時考（清安吉）天全堂刊本

夏小正疏義（清洪震煊）傳經堂叢書本
夏時等例說（清劉逢祿）珍藝宧遺書本
夏小正詩（清馬國翰）馬氏全書本
夏小正通釋（清梁章鉅）清光緒丁亥浙江書局刊本
夏小正正義（清王筠）天壤閣叢書本
夏小正補傳（清朱駿聲）朱氏群書本
夏小正求是（清姚燮）四明叢書第七集本
夏小正集說（清程鴻詔）有恒心齋全集本
夏時考訓蒙（清鄭曉如）清同治乙巳廣州刻本
夏小正箋疏（清馬徵麐）清同治年間思古書堂刊本
夏小正私箋（清吳汝綸）藝文印書館桐城吳先生全書本
夏小正釋義（清宋書升）中央研究院藏鈔本
夏小正經文校釋（民國夏緯瑛）農業出版社
夏小正研究（民國莊雅州）師範大學博士論文
夏小正星象論（日本能田忠亮）恒星社東洋天文學史論叢
春秋左傳正義（晉杜預注唐孔穎達正義）十三經注疏本

左傳會箋（日本竹添光鴻）廣文書局
左氏春秋義例辨（民國陳槃）中央研究院歷史語言研究所
春秋左氏傳地名圖考（民國程師旨雲）廣文書局
春秋公羊傳注疏（漢何休注唐徐彥疏）十三經注疏本
春秋穀梁傳注疏（晉范寧注唐楊士勛疏）十三經注疏本
春秋吉禮考辨（民國周師一田）嘉新水泥公司文化基金會
春秋繁露注（清凌曙）皇清經解續編本
論語注疏（魏何晏注宋邢昺疏）十三經注疏本
孟子注疏（漢趙岐注宋孫奭疏）十三經注疏本
爾雅注疏（晉郭璞注宋邢昺疏）十三經注疏本
爾雅正義（清邵晉涵）皇清經解本
爾雅義疏（清郝懿行）四部備要本
爾雅蟲名今釋（民國劉師培先生）劉申叔先生遺書本
六經天文編（宋王應麟）叢書集成本
經書算學天文考（清陳懋齡）皇清經解本
古經天象考（清雷學淇）聚學軒叢書本

九穀考（清程瑤田）皇清經解本
釋草小記（清程瑤田）皇清經解本
釋蟲小記（清程瑤田）皇清經解本
釋穀（清劉寶楠）皇清經解續編本

㈡小學

方言（漢揚雄）古經解彙函本
說文解字注（清段玉裁）藝文印書館
廣雅疏證（清王念孫）新興書局
增訂殷虛書契考釋（民國羅振玉）藝文印書館
殷墟卜辭綜述（民國陳夢家）大通書局
殷墟卜辭研究（日本島邦男著民國溫天河李壽林譯）鼎文書局
甲骨文的世界（日本白川靜著民國溫天河蔡哲茂譯）巨流圖書公司
甲骨文字研究（民國郭沫若）民文出版社
殷契粹編（民國郭沫若）大通書局
甲骨文字集釋（民國李孝定）中央研究院歷史語言研究所
商周彝器通考（民國容庚）大通書局

金文叢考（民國郭沫若）明倫出版社
三代吉金文存（民國羅振玉）明倫出版社
商周金文集成（民國邱德修）五南圖書出版公司
古金文錄（民國吳闓生）樂天出版社
雙劍誃吉金文選（民國于省吾）樂天出版社
兩周金文辭大系圖錄考釋（民國郭沫若）大通書局
金文詁林（民國周法高）香港中文大學

㈢史部

中國古史的傳說時代（民國徐炳昶）地平線出版社
先秦史（民國呂思勉）開明書店
先秦史（民國蕭璠）長橋出版社
甲骨學商史編（民國朱芳圃）香港書店
甲骨學商史論叢（民國胡厚宣）大通書局
春秋史（民國童書業）開明書店
中國古代神話研究（日本森安太郎著民國王孝廉譯）地平線出版社
史記（漢司馬遷）藝文印書館二十五史本
史記天官書今註（民國高平子）中華叢書編審委員會

漢書（漢班固）二十五史本
後漢書（宋范曄）二十五史本
晉書（唐房玄齡等）二十五史本
隋書（唐魏徵等）二十五史本
新唐書（宋歐陽修）二十五史本
資治通鑑前編（宋金履祥）金仁山先生遺書本
逸周書集訓校釋（清朱右曾）商務印書館
周書研究（民國黃沛榮）臺灣大學博士論文
周書周月篇著成的時代及有關三正問題的研究（民國黃沛榮）臺灣大學文史叢刊
國語（吳韋昭注）商務印書館
戰國策（漢高誘注）商務印書館
山海經箋疏（清郝懿行）藝文印書館
竹書紀年義證（清雷學淇）藝文印書館
史通（唐劉知幾）世界書局
考信錄（清崔述）世界書局
古史辨（民國顧頡剛）明倫出版社
求古編（民國許倬雲）聯經出版事業公司

中國文化史（民國柳詒徵）正中書局
中國上古中古文化史（民國陳安仁）華世出版社
九通分類總纂（清汪鍾霖）藝文印書館
中國學術史論集　中華文化出版事業委員會
中國學術思想史論叢（民國錢穆）東大圖書公司
中國中古思想史長編（民國胡適）胡適紀念館
兩漢思想史（民國徐復觀）學生書局
西周政教制度研究（民國陶希聖等）中華文化復興運動推行委員會
中國文學發展史（民國劉大杰）華正書局
中國古代社會研究（民國郭沫若）
中國農業發展史（民國黃乃隆）正中書局
中國農業經濟史（民國陳安仁）華世出版社
先秦兩漢經濟史稿（民國李劍農）華世出版社
中國農業社會史論（民國佘精一）古亭書屋
古國土地制度史（民國王文甲）正中書局
井田問題重探（民國陳瑞庚）臺灣大學博士論文

殷代田獵研究（民國黃慶聲）政治大學碩士論文
中國科技史概論（民國何丙郁何冠彪）木鐸出版社
中國科學文明史　木鐸出版社
中國文明史話　木鐸出版社
中國古代天文學簡史（民國陳遵嬀）木鐸出版社
中國天文學史（民國陳遵嬀）明文書局
天文學小史（民國朱文鑫）商務印書館
中國天文史話　明文書局
中華氣象學史（民國劉昭民）商務印書館
中國歷史上氣候之變遷（民國劉昭民）商務印書館
中國生物發展史（民國李亮恭）中華文化復興運動推行委員會
四庫全書總目提要（清紀昀）藝文印書館
續修四庫全書提要（東方文化研究所）商務印書館
中國農學書目彙編（民國毛雝）古亭書屋
中國農學書錄（民國王毓瑚）明文書局
校讎學系編　鼎文書局

(四)子部

管子校正（清戴望）商務印書館

管子集斠（民國許維遹等）新文豐出版公司

莊子集釋（清郭慶藩）世界書局

鄒衍遺說考（民國王師夢鷗）商務印書館

荀子集解（清王先謙）藝文印書館

呂氏春秋集釋（民國許維遹）鼎文書局

呂氏春秋撢微（民國陳郁夫）師範大學碩士論文

呂氏春秋研究（民國田鳳臺）政治大學博士論文

列子集釋（民國楊伯峻）明倫出版社

新譯列子讀本（民國莊萬壽）三民書局

淮南鴻烈集解（民國劉文典）商務印書館

先秦兩漢之陰陽五行學說（民國李漢三）維新書局

博物志（晉張華）士禮居叢書本

拾遺記（秦王嘉）漢魏叢書本

顏氏家訓彙注（民國周法高）臺聯國風出版社

玉燭寶典（隋杜臺卿）歲時習俗資料彙編本
初學記（唐徐堅）鼎文書局
夢溪筆談校證（民國胡道靜）世界書局
黃氏日抄（宋黃震）中文出版社
翁注困學紀聞（清翁元圻注）商務印書館
玉海（宋王應麟）大化書局合璧本
日知錄集釋（清黃汝成）世界書局
讀書脞錄（清孫志祖）廣文書局
述學（清汪中）四部備要本
陔餘叢考（清趙翼）世界書局
鄭堂札記（清周中孚）世界書局
癸巳類稿（清俞正燮）商務印書館
董方立遺書（清董祐誠）清道光十年刊本
學計一得（清鄒伯奇）鄒徵君遺書本
讀書偶識（清鄒漢勛）皇清經解續編本
東塾讀書記（清陳澧）商務印書館

籀高述林（清孫詒讓）廣文書局
許頎學林（民國胡玉縉）世界書局
董作賓學術論著（民國董作賓）世界書局
書傭論學集（民國屈萬里先生）開明書店
先秦文史資料考辨（民國屈萬里先生）聯經出版事業公司
古漢語通論（民國王力）明倫出版社
清儒學案（民國徐世昌）世界書局
先秦自然學概論（民國陳文濤）商務印書館
中國之科學與文明（英國李約瑟著民國陳師立夫主譯）商務印書館
中國古代的科技（民國陳曉中等）明文書局
高等天文學（民國盧景貴）中華書局
天文考古錄（民國朱文鑫）商務印書館
新天文基礎（民國曹謨）幼獅書店
奇妙的星星（民國馮鵬年）中國電視公司
曆法通志（民國朱文鑫）商務印書館
學曆散論（民國高平子）中央研究院數學研究所

中國氣候總論　正中書局
農業氣象學（民國鄭子政）國立編譯館
齊民要術（魏賈思勰）廣文書局
農書（元王楨）聚珍全書本
黃土與中國農業的起源（民國何炳棣）香港中文大學
本草綱目（明李時珍）鼎文書局
植物名實圖考（清吳其濬）世界書局
植物名實圖考長編（清吳其濬）世界書局
植物分類（日本三好學著沙俊譯）商務印書館
動物分類（日本內田亨著董功甫譯）商務印書館

(五)集部

昭明文選（唐李善注）藝文印書館
楚辭補注（宋洪興祖）藝文印書館
遜志齋集（明方孝儒）四部叢刊本
升菴外集（明楊慎）學生書局
抱經堂文集（清盧文弨）四部叢刊本

戴東原先生全集（清戴震）大化書局
珍藝宧文鈔（清莊述祖）珍藝宧遺書本
孫淵如先生全集（清孫星衍）商務印書館
晚學集（清桂馥）校經山房叢書本
拜經堂文集（清臧庸）民國十九年影漢陽葉氏藏寫本
箌軒文鈔（清洪頤煊）傳經堂叢書本
詁經精舍文集（清阮元）叢書集成本
東塾集（清陳澧）清光緒十八年刊本
儆季文鈔（清黃以周）儆季所著五種本
胡適文存（民國胡適）遠東圖書公司
高明文輯（民國高師仲華）黎明文化事業公司
仰風樓文集（民國楊師家駱）楊門同學會

二、期刊

易傳附經的起源問題（林麗眞）孔孟月刊第十七卷第三期
論以歲差定尙書堯典四仲中星之年代（竺可楨）史學與地學第二期

詩經中有關周代農事史料之探討（陳榮照）新社學報第四期
毛詩動植物今釋（薛蟄龍）國粹學報第三十八至五十七期
毛詩穀名考（齊思和）燕京學報第三十六期
周禮成書年代考（史景成）大陸雜誌第卅二卷第五至七期
二戴記解題（屈萬里先生）中央研究院民族學研究所集刊第卅二期
月令的來源考（容肇祖）燕京學報第十八期
月令之淵源與其意義（蒙季甫）四川省立圖書館圖書集刊
月令探源（王師夢鷗）故宮圖書季刊第一卷第四期第二卷第一期
略論月令與禮記（陳師鐵凡）孔孟學報第十八期
今月令考（蔣維喬等）制言半月刊第五期
論新月令（竺可楨）科學第十五卷第十期
夏小正條考（沈維鍾）國粹學報第四十至六十四期
夏小正之檢討（陳兆鼎）江蘇省立國學圖書館第九年刊
夏小正五事質疑（于省吾）文史第四輯
夏小正攝桑考（鄒景衡）大陸雜誌第六十三卷第一期
春秋宋邢徐呂四國別紀（陳槃）孔孟學報第五期

春秋鄧虞樊溫鄖杞六國別紀（陳槃）孔孟學報第十三期
逸周書時訓呂覽十二紀禮記月令淮南時則異文箋自序（沈延國）制言半月刊第三期
論周書時訓篇與禮記月令之關係（黃沛榮）孔孟月刊第十七卷第三期
逸周書時令考（李周龍）孔孟月刊第二十卷第一期
夏民族起于東方考（楊向奎）禹貢半月刊第七卷第六七合期
夏商周文化異同考（嚴一萍）大陸雜誌特刊第一輯
殷周教育制度及其社會背景（黃建中）大陸雜誌特刊第一輯
中國天文學史纂要（陳萬鼐）故宮季刊第十六卷第四期
東漢以前中國天文學史大綱（新城新藏撰陳嘯仙譯）國立中山大學語言歷史學研究所週刊第九十四至九十六期合刊
飯島忠夫支那古代史論評述（劉朝陽）國立中山大學語言歷史學研究所週刊第九十四至九十六期合刊
中國歷史上氣候之變遷（竺可楨）東方雜誌第二十二卷第三號
讀呂紀隨筆（沈瓞民）中華文史論叢第二輯
上古天文材料（陳夢家）學原第一卷第六期
我國上古的天文歷數知識多導源於伊蘭（岑仲勉）學原第一卷第五期
漢以前恒星發現次第考（夏靳）幼獅學誌第六卷第三期

二十八宿起源之時代與地點（竺可楨）思想與時代月刊第三十四期
論二十八宿之來歷（錢寶琮）思想與時代月刊第四十三期
曆法四則（王師方曙）中央月刊第二卷第五期
古書所見之殷前歷法（劉朝陽）史學專刊第一期
支那古曆法餘論（飯島忠夫）東洋學報第十二卷第一號
中國東漢以前時月日紀法之研究（錢寶琮）國立中山大學語言歷史學研究所週刊第九十四至九十六合期
古代河域氣候有如今江域說（蒙文通）禹貢半月刊第一卷第二期
古社會田狩與祭祀之關係（陳槃）中央研究院歷史語言研究所集刊第廿一本
殷王田獵考（黃然偉）中國文字第十四至十六期
殷代的弓與馬（石璋如）中央研究院歷史語言研究所集刊第卌五本
殷代的豆（石璋如）中央研究院歷史語言研究所集刊第卌九本上册
殷代的農業與氣象（張秉權）中央研究院歷史語言研究所集刊第四十二本第二分
先秦重農思想之研究（宋叙五）香港中文大學中國文化研究所學報第七卷第一期
耒耜考（徐中舒）中央研究院歷史語言研究所集刊第二本
中國古代北方農作物考（錢穆）新亞學報第一卷第二期
黍稷粟粱與高粱（于景讓）大陸雜誌第十三卷第三期